Christa Spannbauer • Im Haus der Weisheit

W0038775

Christa Spannbauer

Im Haus
der Weisheit

Spirituelle Lehrerinnen
und Lehrer sprechen über
ihre Visionen für unsere Zeit

Kösel

Copyright © 2008 Kösel-Verlag, München,
in der Verlagsgruppe Random House GmbH
Druck und Bindung: GGP Media GmbH, Pößneck
Umschlag: Elisabeth Petersen, München
Umschlagmotiv: Eliza Nahum, München
Printed in Germany
ISBN 978-3-466-36819-8

www.koesel.de

Inhalt

Einführung

Wer dieses Buch öffnet, betritt ein Haus der Weisheit, errichtet aus den Erfahrungen und Gedanken der hier versammelten spirituellen Lehrerinnen und Lehrer und bewohnt von uns allen, die wir auf der Suche nach dem Sinn des Lebens sind. Hier kommen wir ins Gespräch mit Menschen, die unserer innersten Sehnsucht nach Ganzheitlichkeit und Entfaltung aller in uns angelegten Seinsbereiche Ausdruck verleihen. Diese Begegnungen zeigen uns Wege auf in eine zeitgemäße Spiritualität, die sich mitten im Leben verortet, ihren Blick auf das richtet, was in der Welt geschieht, die nicht in Innenschau und individueller Heilssuche versinkt, sondern sich engagiert den Herausforderungen des Lebens im Hier und Jetzt stellt. Die Gespräche lassen keinen Zweifel daran aufkommen, dass der spirituelle Weg für die hier Versammelten innerer Auftrag ist, der in den Dienst am Mitmenschen und in die Weltverantwortung führt. Wir treffen auf eine weltzugewandte Spiritualität, die das im Innen Erfahrene ins Außen trägt und dort manifestiert. Was in der westlichen Welt lange Zeit als getrennt voneinander galt – Spiritualität und gesellschaftliches Engagement, Mystik und Politik, Meditation und Medizin, östliche Weisheit und westliche Psychologie –, wird so auf innovative Weise miteinander verbunden.

Diese spirituellen Lehrer und Lehrerinnen eröffnen neue Räume im Haus der Weisheit. Sie sind Visionäre und Pioniere einer ganzheitlichen Spiritualität, und als solche überschreiten sie Traditionen, vereinen bislang Getrenntes und gestalten Neues. Ausgangspunkt für einen tief greifenden Wandel ist für sie die Erfahrung der Einheit allen Seins. Es ist diese Erfahrung, die uns den Egozentrismus und die Ich-Zentrierung überwinden und die Verbundenheit mit allen Wesen und der gesamten Schöpfung erleben lässt. In ihr liegt das wahre Potenzial der menschlichen Transformation, die in der bedrohten Welt der Gegenwart wichtiger denn je geworden ist.

Einem Haus der Weisheit ist jeglicher Dogmatismus, jede Ausgrenzung und Lagerbildung fremd. Tolerant, weltoffen und integrativ lädt es die Weisheitslehren aus dem Osten und Westen an den gemeinsamen Tisch und beherbergt die mystischen Wege der verschiedenen Religionen unter seinem weiten Dach. Wir begegnen in den Gesprächen spirituellen Lehrerinnen und Lehrern aus dem westlichen Kulturkreis, die ihre Wurzeln im christlichen Abendland haben und zugleich tief gehende Erfahrungen mit den Weisheitslehren und Meditationstechniken des Ostens gesammelt haben. Indem sie die überlieferten spirituellen Wege des Ostens und des Westens in einer zeitgenössischen Form und Sprache vermitteln, machen sie sie für die Menschen der Gegenwart verständlich und anwendbar. Aufgrund ihrer Fähigkeit, zu verbinden und zu integrieren, sind sie wichtige Brückenbauer zwischen West und Ost, Befürworter des interreligiösen Dialogs und Wegbereiter einer transkonfessionellen und weltoffener Spiritualität für das 21. Jahrhundert.

Danksagung

An dieser Stelle möchte ich all den Menschen Dank sagen, die dieses Buch begleitet und ermöglicht haben. Es ist das Ergebnis vieler inspirierender Begegnungen auf dem Weg und wäre ohne all die Menschen, deren Zuspruch und positive Resonanz mir immer wieder den Ansporn zum Schreiben gaben, nicht möglich gewesen.

Insbesondere danke ich meiner Lektorin Ursula Richard von der Literaturmanufaktur für ihren klaren Blick und ihre hilfreiche Begleitung sowie Fionnuala Devlin für ihre Hilfe bei schwierigen Übersetzungsfragen.

Mein tief empfundener Dank geht an die Menschen, deren Gedanken, Visionen und spirituelle Erfahrungen das Haus der Weisheit errichtet und damit dieses Buch zum Leben erweckt haben: Jon Kabat-Zinn, Jeanne Hay, Claudio Naranjo, Annette Kaiser, Bruder David Steindl-Rast und Sylvia Wetzel. Besonderer Dank gebührt an dieser Stelle Willigis Jäger, der mir einst den Weg zur Pforte dieses Hauses gewiesen hat.

Ich wünsche den Leserinnen und Lesern dieses Buches, dass ihnen das Haus der Weisheit immer offen stehen möge und dass ihnen die Gespräche Inspirationen, Impulse und Antworten auf wichtige Fragen ihres Lebens geben.

Achtsamkeit
ist der Ausgangspunkt
aller spirituellen Wege

Dr. Jon Kabat-Zinn

Auf die Frage nach den Grundregeln der höchsten Weisheit schrieb Zen-Meister Ikkyu einst seine berühmten drei Worte »Achtsamkeit, Achtsamkeit, Achtsamkeit«. Die Achtsamkeit lässt uns völlig präsent im gegenwärtigen Moment sein. Dorthin will uns jeder wahre spirituelle Weg führen: in den Augenblick, in die unmittelbare Erfahrung des Lebens im Hier und Jetzt. Im Augenblick anzukommen heißt, im Leben anzukommen, zu sehen, zu hören, zu riechen, zu fühlen, zu schmecken, ganz da zu sein mit allen Sinnen. So sehr wir diesen Zustand ersehnen, so schwer ist es, ihn zu erlangen. Und doch kennen wir alle diese Momente des Seins, in denen sich plötzlich der Schleier hebt, die Trennung schwindet und wir uns in unmittelbarem Kontakt mit dem Leben fühlen. Es sind diese intensiven Momente des Eins-Seins, die uns Einblick in die Wirklichkeit des Lebens schenken und in denen wir staunend das Wunder der Schöpfung erkennen.

Die Übung der Achtsamkeit unterstützt uns Menschen darin, die Trennung von Ich und Welt zu überwinden, und bringt uns in bewussten und intensiven Kontakt mit dem Leben. In der Achtsamkeitsmeditation, im Still-Sitzen, im Nicht-Tun kommen wir in direkte Fühlung mit unserem Körper, unseren Gedanken, Gefühlen und Empfindungen und wir werden zugleich unserer Konditionierungen, Anhaftungen und Täuschungen gewahr. Gelebte Achtsamkeit führt uns in das Erkennen und Zulassen dessen, was ist. Wenn wir den Weg der Achtsamkeit konsequent gehen, dann wird unser ganzes Leben zu einer bewussten Erfahrung.

Die Praxis der Achtsamkeit ist in den USA und in Europa auf das Engste mit dem Namen eines Mannes verbunden – mit dem US-amerikanischen Begründer des Achtsamkeitstrainings, Dr. Jon Kabat-Zinn. Ihm ist es maßgeblich zu verdanken, dass die Achtsamkeitsmeditation Eingang in das westliche Gesundheitswesen erhielt und diese östliche Weisheitstradition dadurch einer breiten Öffentlichkeit zugänglich wurde. Immer mehr Menschen machen sich mittlerweile die praktischen und einfach anwendbaren Achtsamkeitsübungen für ein bewusstes und gesünderes Leben zu eigen.

Entwickelt hat Jon Kabat-Zinn die Methode der sogenannten »Stressbewältigung durch Achtsamkeit« (englisch: Mindfulness Based Stress Reduction, MBSR) bereits Ende der 70er-Jahre an der von ihm gegründeten Klinik für Stressreduzierung in Massachusetts. Die Grundlage war für den in buddhistischer Meditation geschulten, promovierten Biologen die Lehre des Buddha über die vier Vergegenwärtigungen: die Vergegenwärtigung des Körpers, der Empfindungen, des Geistes und der Phänomene. Diese Vergegenwärtigungen ergänzte er durch achtsame Körperübungen. Seine Methode hat drei wesentliche Bestandteile: den Body Scan, eine Übung zur Schärfung der Körper-Wahrnehmung; die Sitzmeditation, in der vor allem das bewusste Atmen geübt wird, sowie Körperübungen aus dem Yoga. Darüber hinaus werden die Menschen in die Praxis der Achtsamkeit im Alltag eingeführt. Sie üben sich in Bewusstheit beim Stehen, Gehen, Sitzen und bei der Verrichtung aller alltäglichen Dinge. Meditation und Spiritualität werden so zu einer Lebensweise und mitten im Leben des Menschen verortet.

Der heilende und gesundheitsfördernde Effekt dieser Methode wurde seither von zahlreichen Forschungsprojekten belegt, was in den vergangenen Jahren international für große Aufmerksamkeit und Anerkennung gesorgt hat. Allein in den Vereinigten Staaten wenden derzeit zirka 250 Kliniken diese Methode für den Gesundungsprozess ihrer Patienten und Patientinnen an. Was anfangs als Hilfe für Menschen im Umgang mit stressbedingten Krankheiten und chronischen Schmerzen entwickelt wurde, hält mittlerweile Einzug in fast alle gesellschaftlichen Bereiche. Denn Stress ist in der modernen Gesellschaft ein allgegenwärtiges Phänomen. Vor Kurzem erst erklärte die Weltgesundheitsorganisation Stress zu einer der größten Gesundheitsgefahren des 21. Jahrhunderts. Vor diesem Hintergrund hat die jahrzehntelange Forschungsarbeit von Jon Kabat-Zinn zur Stressreduzierung aktuelle und zukunftsweisende Bedeutung. Auch im deutschsprachigen Raum wird in immer mehr Krankenhäusern und Arztpraxen ebenso wie in Schulen, Universitäten, Beratungsstellen und mittlerweile auch Wirtschaftsunternehmen das Achtsamkeitstraining angewendet. In der Medizin finden ganzheitliche Heilungsansätze zunehmend Beachtung, und die Entwicklung einer Integrativen Medizin schreitet voran. In ihr nimmt die Praxis der Achtsamkeit einen zentralen Platz ein, denn sie gilt als Ausgangspunkt für den menschlichen Selbstheilungsprozess.

Achtsamkeit ist ein Weg der Einsicht, Weisheit und Heilung, der gerade für uns Menschen der modernen westlichen Welt immer wichtiger wird, denn er führt uns zu dem, was wir in der hektischen und reizüberfluteten Welt der Gegenwart so schwer zu finden vermögen und dessen wir zugleich so dringend bedürfen: innere Sammlung, Konzentration, Gelassenheit und Ruhe.

Jon Kabat-Zinn ist ein international viel gefragter und hoch geschätzter Berater und Meditationslehrer, der weltweit Kurse und Vorträge hält. Bei seinem einwöchigen MBSR-Schulungsseminar in Deutschland, das er 2007 gemeinsam mit seinem Freund und Kollegen Dr. Saki Santorelli am Benediktushof hielt und das ich organisatorisch vor Ort begleitete, lernte ich ihn näher kennen und erhielt grundlegende Einblicke in seine Arbeit. Ich konnte miterleben, wie es ihm innerhalb kürzester Zeit gelang, 150 Menschen aus der ganzen Welt zu einer achtsamen Gruppe zusammenzuführen und gemeinsam mit uns allen an einem von Vertrauen und Offenheit getragenem Netzwerk zu weben. Seine Präsenz und Klarheit machten es ihm scheinbar mühelos möglich, die Individualität und Persönlichkeit jedes Einzelnen innerhalb dieser großen Gruppe zu sehen und zu würdigen und dabei den Gruppenprozess immer im Auge zu behalten und zu fördern.

Seine Arbeit zeichnete sich durch höchste Professionalität und Kompetenz aus und war zugleich von charmanter Leichtigkeit und Verspieltheit. Jon Kabat-Zinn hat einen überwältigenden Sinn für Humor – warmherzig, weise, pointiert und ungeheuer schlagfertig konnte er jede Situation für eine positive Betrachtungsweise öffnen.

Ich habe von ihm viel über gelebte Achtsamkeit im Umgang mit Menschen gelernt. »Wer ist der wichtigste Mensch in deinem Leben?«, wurde einst ein weiser Mann gefragt, worauf dieser antwortete: »Immer der Mensch, mit dem ich gerade zusammen bin.« Diese Anekdote fällt mir ein, wenn ich an Jon Kabat-Zinns Fähigkeit denke, sich in jedem Augenblick mit absoluter Konzentration und tiefem Respekt auf den jeweiligen Menschen vor ihm einzulassen. Jede Frage und jedes Anliegen nimmt er gleichermaßen ernst und wichtig und immer begegnet er den Menschen dabei auf gleicher Augenhöhe, ohne der Versuchung zu erliegen, aufgrund seines Wissens und seines Status andere zu belehren.

Seine Arbeit, so sagte er in dem Gespräch mit mir, ist Ausdruck seiner Liebe für das Leben und für die Menschen. Wer Jon jemals bei seiner Arbeit erleben konnte, wird dies bestätigen – in seiner achtsamen Präsenz ist die Liebe allgegenwärtig.

📖 **Buchempfehlungen**

Jon Kabat-Zinn: *Im Alltag Ruhe finden,* Freiburg: Herder Verlag, 1998
– *Gesund durch Meditation, Frankfurt am Main:* Fischer Verlag, 2006
– *Zur Besinnung kommen,* Freiamt: Arbor Verlag, 2006

Kontakt
www.umassmed.edu/cfm

Gespräch mit Dr. Jon Kabat-Zinn

im Juni 2007 am Benediktushof in Holzkirchen

Jon, es ist dir mit deiner Arbeit gelungen, alte buddhistische Weisheitstraditionen und Meditationsübungen für den westlichen Menschen des 21. Jahrhunderts anwendbar und nutzbar zu machen. Diese heilsame und effektive Integration von östlicher Weisheit und westlicher Medizin hat heute weltweit in das Gesundheitswesen Eingang gefunden und wird in Kliniken, therapeutischen Einrichtungen und Arztpraxen gleichermaßen angewandt. Könntest du deine Vision und deren Umsetzung erläutern?

Meine Vision war es von Anfang an, Meditation einer breiten Öffentlichkeit zugänglich zu machen. Ich habe bereits als junger Mann begonnen zu meditieren und dadurch die positiven Auswirkungen der Meditation auf mein eigenes Leben erfahren. Daher wollte ich, dass jeder Mensch diese Erfahrung machen kann. Ich übte bei Zen-Meistern, Swamis und Gurus, um herauszufinden, welche Meditationstechniken für mich die richtigen wären. So kam ich in Kontakt mit dem Dharma, und das veränderte mein Leben von Grund auf. Ich hatte Molekularbiologie studiert und stand nun vor der Entscheidung, wie es mit meinem Leben weitergehen sollte. Und ich fragte mich: Was ist meine Aufgabe in dieser Welt? Braucht die Welt wirklich einen weiteren Molekularbiologen? Es gab so viele, die in diesem Bereich arbeiteten, doch wer kümmerte sich damals schon darum, meditative Achtsamkeit in die westliche Gesellschaft zu integrieren? Und da wurde mir klar, dass genau dies meine Vision war, der ich treu bleiben musste.

Mein Ziel war es, dass ganz gewöhnliche Amerikanerinnen und Amerikaner Meditation eines Tages als etwas völlig Normales ansehen und daher auch selbst ausprobieren würden. Ich versuchte, eine Art »Übersetzung« des Dharma für den westlichen Menschen zu finden, sodass Leute wie meine Mutter oder dein Vater ihn verstehen könnten. Es ging mir dabei von Anfang an um die Übung der Achtsamkeit. Alle Menschen haben die Fähigkeit, achtsam zu leben – im Westen hatten wir jedoch lange Zeit kaum Zugang zu Methoden, um Achtsamkeit systematisch zu üben. Ich habe das, was wir heute Achtsamkeitstraining nennen, also nicht erfunden, sondern ich habe sehr alte östliche Weisheitslehren in eine Sprache übersetzt, die dem modernen Menschen zugänglich ist.

Ich habe dabei auf meine eigenen Erfahrungen vertraut. Und es war mir wichtig, diese Erfahrungen in den medizinischen Bereich einzubringen. Ich hatte das deutliche Gefühl, dass es meine Berufung ist, Meditation und Medizin zusammenzubringen, und ich hatte ein intuitives Gespür dafür, wie ich Meditation den Menschen nahebringen könnte. Für mich ist diese Arbeit mein Karma. Sie ist Ausdruck meiner Liebe für das Leben, Liebe für den Dharma und Liebe für die Menschen. Und so habe ich damals damit begonnen und nie damit aufgehört und immer dafür getan, was ich tun konnte. Achtsamkeit ist für mich gelebte Liebe. Sie führt uns zu der Erkenntnis dessen, wer wir wirklich sind.

Das Grundgerüst dessen, was wir heute »Mindfulness Based Stressed Reduction« nennen, besteht aus einem achtwöchigen Kurs. Wir bieten diesen Kurs in unseren Kliniken kranken Menschen und Menschen mit chronischen Schmerzen an. Unsere Patientinnen und Patienten werden in dieser Zeit mit effektiven Achtsamkeitsübungen, die aus dem Buddhismus und aus dem Hatha-Yoga stammen, vertraut gemacht. Ich selbst habe über viele Jahre Erfahrungen in verschiedenen buddhistischen Techniken gesammelt, vor allem in Vipassana und in Zen. Es gibt Leute, die sagen, MBSR wäre nichts anderes als Vipassana. Oberflächlich betrachtet mag es so aussehen, doch es ist nicht ganz richtig – ich würde es eher als Vipassana mit einer Zen-Grundhaltung beschreiben. Und das heißt letztlich, keine Anhaftung an Name und Form zu haben. Alles kommt aus dem Sein, und das rechte Tun geschieht aus dem Sein heraus.

Wie gelingt es dir, Menschen davon zu überzeugen, mehr aus dem Sein und weniger aus dem Tun heraus zu leben? Wir Menschen im Westen sind ja »Macher«, und unsere Kultur fordert von uns geradezu, ständig aktiv zu sein. Viele Menschen führen ein rast- und ruheloses Leben, das kaum mehr Momente der Ruhe und notwendigen Selbstreflexion enthält.

Ja, das ist richtig, und es gibt dafür auch keine einfache Lösung. Was wir tun können, ist, die Furcht und den Schmerz der Menschen, die hinter all dieser Aktivität verborgen sind, zu erkennen und sie mit diesen vertraut zu machen. Denn egal, wie aktiv, autark und intellektuell wir auch sein mögen, jeder von uns hat eine Familie, um die er sich sorgt, jeder hat einen Körper, der anfällig ist für Krankheit, jeder von uns ist mit dem Tod konfrontiert. Wir können Menschen da ansprechen, wo sie zutiefst menschlich sind. Denn wir alle wissen, dass die Zeit rasend schnell vergeht und dass auch unser Leben sehr schnell vorbei sein kann. Und die Menschen spüren sehr wohl, dass sie die meiste Zeit ihres Lebens nicht wirklich präsent sind, dass sie nicht in sich selbst und ihrem Körper zu Hause sind. Wir sind immerzu mit etwas beschäftigt und vergessen darüber, was wirklich zählt. Wir verpassen so viele wichtige Zeiten in unserem Leben – wir versäumen, mit unseren Kindern zu spielen, sie aufwachsen zu sehen, wir versäumen wichtige Momente mit den Menschen, die wir lieben. Das ist die Ursache für so viel Leid in unserem Leben. Wenn wir bereit sind, dies zu erkennen, werden wir nach Möglichkeiten suchen, den Augenblick bewusster zu erleben, denn niemand von uns kann sagen, wie viele dieser kostbaren Augenblicke uns noch bleiben.

Meditation und Achtsamkeitstraining unterstützen uns darin, im Augenblick zu leben und aufmerksam für die Dinge in unserem Leben zu werden, die wir die meiste Zeit als gegeben ansehen.

In eure Klinik kommen viele Menschen, die aufgrund von Stress krank wurden. Burnout, Depression, Herzinfarkt, Bluthochdruck sind nur einige ernste Reaktionen auf den Stress des heutigen Menschen. Die Weltgesundheitsorganisation hat vor kurzem Stress zu einem Hauptfaktor für die Erkrankungen des 21. Jahrhunderts erklärt. Müssen Menschen erst krank werden, um die Notwendigkeit von Veränderungen in ihrem Leben zu erkennen?

Nein, nicht unbedingt, aber das macht sie natürlich offener für Veränderungen. Menschen, die gesundheitliche Probleme haben, sind eher bereit zuzuhören. Solange wir jung und gesund sind, sehen wir kaum einen Grund dafür, achtsam und behutsam mit unserem Leben umzugehen. Kranke Menschen hingegen erkennen diese Notwendigkeit. In unserer Klinik arbeiten wir mit Menschen, die große Schmerzen haben. Und stell dir vor – die meisten von ihnen schaffen es schon nach vier Wochen, für 45 Minuten am Stück zu meditieren. Sie sitzen in völliger Stille, ohne sich zu bewegen, du könntest im Raum eine Nadel fallen hören. Sie haben das, was im Zen Anfänger-Geist genannt wird. Sie wissen vielleicht nichts über Erleuchtung, Spiritualität und Buddhismus, aber sie kennen das Leid. Und das ist es, was der Buddha lehrte: Folge dem Leiden und erkenne deinen Geist, der von Anfang an ganz und heil ist.

Die Arbeit in Kliniken war daher ein fruchtbarer Nährboden für die Entwicklung des MBSR-Trainings. Inzwischen gibt es unsere Arbeit seit fast 30 Jahren und sie ist weltweit bekannt. Immer breitere Teile der Bevölkerung erkennen, dass Achtsamkeit auch für ihr Leben und ihre Arbeit von Bedeutung ist. Damit eröffnen sich natürlich ganz neue Möglichkeiten der Verbreitung. Mittlerweile kommen auch viele Leute aus der Wirtschaft zum Achtsamkeitstraining zu uns. So etwas wäre 1979, als wir anfingen, noch unvorstellbar gewesen. Wir nutzen bewusst die Medien, Bücher und CDs als Werkzeug, um Menschen Zugang zu dieser inneren Arbeit zu verschaffen. Es ist mir jedoch immer wichtig, dass Menschen ein tiefes Verständnis dafür bekommen, wie sie dieses Werkzeug verwenden können. Das Dharma-Element ist essenzieller Bestandteil unseres Lehrens. Ohne Dharma ist es kein Achtsamkeitstraining. Beide sind für mich nicht voneinander zu trennen.

Was suchen all diese Menschen wirklich, die zu euch kommen? In einem Vortrag sagtest du, dass die Praxis der Achtsamkeit unser Leben von Grund auf verändert. Welche Veränderung erhoffen sich eure Patientinnen und Patienten?

Wonach sich die meisten unserer Patienten erklärtermaßen sehnen, ist ein Gefühl innerer Ruhe. Natürlich suchen sie auch nach Entspannung, nach Möglichkeiten, ihren Stress abzubauen und ihre Schmerzen zu lindern. Sie suchen nicht nach Erleuchtung oder der Einweihung in einen spirituellen Weg. Ich verwende daher das Wort »Spiritualität« kaum mehr. Nicht, weil ich etwas gegen Spiritualität hätte, sondern weil für mich alles spirituell ist, wenn wir es aus der rechten Warte betrachten. Viele Menschen haben idealisierte und romantische Vorstellungen von Spiritualität. Doch du kannst dein ganzes Leben damit verbringen, ein spiritueller Mensch sein zu wollen, und dann findest du auf deinem Sterbebett heraus, dass du es versäumt hast, der Mensch zu sein, der du wirklich bist, und dass du deine Zeit damit vergeudet hast, ein frommes Leben führen zu wollen. Du kannst nur werden, wer du bereits bist. Und dann erkennst du, dass deine innerste Natur bereits vollkommen, bereits Buddha, ist. Du musst dich also nicht kasteien, dir keine Robe anziehen, deinen Kopf nicht scheren und in einer fremden Sprache chanten. Das ist überhaupt nicht notwendig. Genau das sagen uns die wahren spirituellen Wege.

Ich vermittle den Menschen im Westen den Dharma in einer verständlichen und zeitgemäßen Art und Weise. Ich nenne das Ganze »Stressreduzierung«, weil die Menschen damit etwas anfangen können und weil sie spüren, dass sie genau dies brauchen. Dadurch können wir ganz normale Leute dazu bringen, regelmäßig zu meditieren. Jeder, der selbst meditiert, weiß, welch harte Arbeit es ist, in Achtsamkeit auf dem Kissen zu sitzen und alle Vorstellungen und Wünsche loszulassen. Es geht nicht darum, etwas zu tun, es geht nicht darum, etwas zu erreichen – wir üben um des

Übens willen. Und was bleibt uns auch anderes übrig, wenn wir nicht den Rest unseres Lebens verschlafen wollen? Unsere Patienten wissen vielleicht wenig über den Buddhismus, doch sie kennen das Leiden sehr genau.

Das Ziel der buddhistischen Lehre ist die Überwindung des Leidens. Der Dienst am leidenden Nächsten ist auch ein zentrales Gebot im Christentum. Siehst du deine eigene Arbeit als Beitrag, das Leiden im menschlichen Leben zu überwinden?

Meinem eigenen Verständnis nach geht es weniger um die Überwindung des Leidens, als vielmehr darum, einen tiefen Einblick in die Natur des Leidens zu erhalten und dadurch in gewisser Weise von ihm frei zu werden. Wir können das Leiden nicht überwinden, denn es ist Teil unseres Lebens und daher unvermeidbar. Wenn ein Erdbeben dein Haus zerstört, kannst du nichts dagegen tun. Was du jedoch tun kannst, ist, dein Verhältnis zu dem Geschehenen, deine Gefühle und Gedanken hinsichtlich dessen, zu verändern. Das beinhaltet, nicht an den eigenen Vorstellungen und Wünschen anzuhaften, sondern zu lernen, mit den tatsächlichen Gegebenheiten umzugehen.

Wenn wir eine tiefe Einsicht in unsere wahre Wesensnatur erlangen und erkennen, wer wir wirklich sind, hat dies eine zutiefst befreiende und heilende Wirkung auf unseren Geist. Schmerzen können wir als Mensch nicht vermeiden. Wie sehr wir jedoch an diesen Schmerzen leiden, darauf haben wir sehr wohl Einfluss. Wenn wir also lernen, die Dinge so anzunehmen, wie sie sind, dann sind wir in gewisser Weise immer frei vom Leiden, selbst wenn wir große Schmerzen haben. Und wenn wir erkennen, dass Leid nichts Persönliches ist – auch wenn wir immer wieder versucht sind, es sehr persönlich zu nehmen –, können wir zu einem weisen und mitfühlenden Umgang mit unserem Leid gelangen.

Es gibt Leid, das wir nicht verhindern können. Doch es gibt im Leben jedes Menschen Situationen, die leidvoll sind und die wir durchaus verändern könnten, wenn wir den Mut dazu hätten. Wenn wir unser Leid akzeptieren und uns mit ihm anfreunden, besteht dann nicht die Gefahr, dass wir passiv werden und Lebenssituationen zu akzeptieren versuchen, die wir eigentlich ändern müssten?

Natürlich sind wir immer dazu aufgerufen zu handeln. Mit Achtsamkeit allein können wir unsere Probleme nicht lösen. Doch ich halte es für besser, wenn wir aus Achtsamkeit heraus handeln. Es gibt Menschen, deren Handeln darin bestehen mag, sich aus der Gesellschaft zurückzuziehen. Der berühmte buddhistische Dichter Ryokan tat dies. Er ging in die Berge, wurde Holzfäller, spielte mit den Dorfkindern und schrieb in der Nacht Gedichte: »Ich habe nichts zu berichten, meine Freunde / wenn ihr den Sinn des Lebens erkennen wollt / hört auf, den Dingen nachzujagen.« Was für wunderbare Zeilen! Es war nicht seine Absicht, die Welt zu verändern, doch er hat mit seinen Gedichten die Welt verändert. Ein Mensch, der integer lebt und seiner Vision folgt, kann einen großen Einfluss haben. Wir alle müssen handeln. Doch niemand kann uns sagen, was wir tun sollen. Wir müssen unseren eigenen Weg finden.

Wie können wir unseren eigenen Weg finden? Und wie können wir letztlich sicher sein, dass es der richtige Weg ist?

Die Antwort darauf finden wir einzig in unserem Herzen. Wir müssen bereit sein, tief in uns hineinzuhören. Es ist an uns herauszufinden, was der Sinn des Lebens ist. Was ist unsere ureigene Aufgabe auf diesem Planeten? Das ist unser Lebenskoan. »Lebe die Frage«, schrieb Rilke in einem Gedicht. Wir müssen unserer eigenen Vision treu bleiben. Und dann unseren eigenen Ausdruck, unsere eigene Stimme finden. Und uns dabei nicht von Angst überwältigen lassen. Liebe ist letztlich immer stärker als Angst, solange wir bereit sind, uns der Angst zu stellen. Menschen, die ihre Aufgabe und ihren spirituellen Weg noch nicht gefunden haben, können natürlich ein Gefühl der Verlorenheit haben. Aber Tatsache ist doch, dass wir alle ausnahmslos verloren sind. Es besteht also kein Grund, darüber beunruhigt zu sein. Wenn wir es nicht persönlich nehmen, ist es sogar eine wunderbare Sache, verloren zu sein. Ein japanischer Zen-Meister sagte: »Ich gehe niemals verloren, denn ich weiß gar nicht, wo ich bin.«

Verloren zu sein ist ein zutiefst kreativer Zustand, denn in ihm sind wir bereit, wirklich um uns zu blicken, hinzuhören und die Essenz der Dinge zu erspüren. Es ist, als ob wir zum ersten Mal sehen, hören und fühlen würden. Es sind diese Veränderungen unseres Bewusstseins, die eine große Wirkung haben. Die Menschen sehnen sich nach authentischen Erfahrungen. Das ist einer der Gründe, weshalb sie sich auf den Weg der Achtsamkeit begeben.

Es sind ja häufig Konditionierungen und Verletzungen aus unserer Vergangenheit, die unser jetziges Leben beeinflussen und unsere Ängste vor der Zukunft kreieren. Wie kann uns das Achtsamkeitstraining darin unterstützen, diese Zwänge, Konditio-

nierungen und Ängste zu überwinden, die uns vom Vertrauen in
den Fluss des Lebens abschneiden?

Ich glaube nicht, dass wir unseren Konditionierungen ent-
fliehen können, doch wir können aus ihnen herauswach-
sen. Das kann auf der gesellschaftlichen Ebene durchaus
Generationen dauern, bis diese Konditionierungen langsam
an Macht verlieren. Der Vorteil an der Achtsamkeit ist ihre
Universalität und dass jeder Mensch aufgrund seines
Menschseins Zugang zu ihr hat. Darüber hinaus schreibt
die Praxis der Achtsamkeit niemandem vor, was er oder sie
zu tun hätte. Sie bringt uns in unmittelbare Berührung mit
der ganzen Bandbreite unserer menschlichen Erfahrungen.
Und dies unterstützt uns darin, nicht länger von unserer
Angst, von unseren Kindheitsverletzungen, von den sozialen und politischen Umständen, unter denen wir aufgewachsen sind, konditioniert zu werden.

Ich bin davon überzeugt, dass jede Generation das
Potenzial hat, mehr von der wahren Natur des menschlichen Seins zu verstehen und damit dem Wohlergehen
aller Menschen zu dienen. Und dass wir Menschen uns,
wenn auch leider sehr langsam, einer wirklich demokra-
tischen und verantwortungsvollen Lebensweise annähern
werden. Wir haben genügend Ressourcen für alle Menschen in dieser Welt. Doch das erfordert von uns, dass wir
bereit sind zu teilen und dass wir nicht länger eine Situation hinnehmen, in der die Arbeit von vielen den geradezu obszönen Reichtum einer kleinen Minderheit der
Weltbevölkerung ermöglicht.

Der Untertitel deines letzten Buches lautet »Uns selbst und die
Welt durch Achtsamkeit heilen«. In diesem Buch gibt es auch ein

ausführliches Kapitel darüber, wie Achtsamkeit einen verän-
dernden Einfluss auf Politik und Gesellschaft ausüben kann.
Könntest du dazu noch einiges sagen?

Ich glaube nicht, dass wir unseren Planeten durch Meditieren allein heilen können. Solch romantischen und ideali-
sierten Vorstellungen gebe ich mich nicht hin. Dazu gibt es
einfach zu viel Irrsinn in dieser Welt. Menschen verfallen zu
schnell dem Hass und der Feindseligkeit, und das scheint
kein Ende zu nehmen. Wir brauchen uns doch nur anzuse-
hen, wie China die Tibeter behandelt oder wie Russland mit
den Tschetschenen umgeht.

In dieser Welt gibt es Kriegsverbrecher, Diktatoren und
Mörder. Diese Tatsache können wir nicht leugnen. Doch
trotzdem bin ich davon überzeugt, dass Achtsamkeit die
einzige Energie ist, die unseren Planeten retten kann, denn
sie verändert unseren Geist und unser Herz. Wir müssen
nicht die Welt ändern – die Welt ändert sich sowieso unablässig. Was wir jedoch tun müssen, ist, unsere Beziehung
zur Welt zu ändern, weiser und verantwortungsvoller mit
ihr umzugehen und zu lernen, die Dinge klarer zu sehen.
Und wir müssen Wege finden, mit unserer eigenen Ignoranz, unserer Gier und unserem Hass umzugehen. Das ist
die wirkliche Herausforderung für jeden Einzelnen von uns.
Auf der politischen Ebene kann das nicht gelöst werden.
Denn woran unsere Welt wirklich leidet, ist, dass wir Menschen von Gier, Hass und Verblendung dominiert werden.
Das ist der Grund, weshalb es korrupte Regierungen und
das Militär gibt und weshalb skrupellose internationale
Konzerne weltweit agieren. Solange wir nicht sehen können, in welchem Ausmaß unser eigener Geist von Furcht,
Gier und Hass verblendet wird, haben wir keine Chance,

die Welt zu verändern. Wenn wir jedoch erkennen, dass wir alle diese Tendenz in uns tragen, ihr aber nicht folgen *müssen*, können wir einen entscheidenden Beitrag zur Verbesserung der Welt leisten.

Es gibt viele soziale Bewegungen, die auf diese Weise die Welt verändert haben. Eine der beeindruckendsten Beispiele dafür war die Bewegung in Südafrika. Es hätte dort zu einem Blutbad kommen können, als die schwarze Mehrheit nach so vielen Jahren der Apartheid an die Macht kam. Die Weißen hatten die schwarze Bevölkerung in all diesen Jahren wie Sklaven behandelt, sie geknechtet und misshandelt. Doch als die Schwarzen an die Macht kamen, nahmen sie keine Rache, sondern richteten die Kommission für Wahrheit und Versöhnung ein. Das sind Schritte, die die Welt verändern.

Die Dinge können sich sehr schnell verändern, wenn die Zeit für Veränderung gekommen ist. Wir brauchen nur an den Mauerfall in Berlin zu denken oder an den Prager Frühling. Welche unglaublichen Möglichkeiten damit der Freiheit eröffnet wurden! Manchmal nutzen wir die Gelegenheit für Veränderung, manchmal verpassen wir sie. Doch alles in allem haben wir Menschen Großartiges vollbracht.

Jon, was ist deine Vision im Hier und Jetzt für die Welt von morgen?

Niemand weiß, wie es mit der Welt weitergehen wird. Doch jeder von uns hat die Aufgabe zu erfüllen, für die er gekommen ist – ohne dabei Veränderungen erzwingen oder an dem Erreichten festhalten zu wollen. Wir tun ganz einfach das, was wir zu tun haben. Das beinhaltet Achtsamkeit und Respekt im Umgang mit den Menschen und der Welt, Einsatz für eine achtsame Politik, achtsame Erziehung und achtsame Rechtssysteme.

Die Richtlinie für unsere Spezies sollte es sein, wirklich zu dem zu werden, wie wir uns selbst genannt haben – zum homo sapiens. Die Spezies, die weiß und die weiß, dass sie weiß. Das erfordert Achtsamkeit. Und es erfordert Selbsterkenntnis. Das ist unsere Herausforderung als Menschen. Noch sind wir weit davon entfernt. Und solange wir unseren eigenen Geist nicht erkannt haben, bleiben wir unberechenbar. Wir sind gewalttätig, töten einander und zerstören die Erde. Wir erfinden immer raffiniertere Methoden, um uns gegenseitig umzubringen und die Umwelt zu vergiften. Dabei ist dieser Planet der einzige Ort, den wir haben. Es gibt keinen zweiten. Ich denke, dass wir dies erkennen werden, je mehr die Welt zusammenwächst. Wir können uns unsere Ignoranz einfach nicht mehr leisten. Wir müssen erkennen, wie leicht der menschliche Geist von Angst erfasst wird und infolgedessen gewalttätig wird. Und wir müssen uns dieser Angst stellen. Wenn unser Geist von Furcht erfasst wird und wir um das Wesen der Furcht wissen, dann haben wir viele verschiedene Möglichkeiten, mit ihr umzugehen. Wenn wir jedoch nicht darum wissen, dann fallen wir ihr zum Opfer.

Jeder Mensch möchte glücklich sein. Niemand möchte leiden. Das ist die eigentliche Basis für politische Veränderungen und für eine Politik, die von Weisheit regiert wird. Das Ziel jedes Staates sollte es sein, eine Regierung zu haben, der das Wohl der Menschen und der Welt am Herzen liegt. Wenn Menschen glücklich sind, dann können sie ihre eigene Arbeit zum Wohle der Gesamtheit verrichten.

Ich weiß, dass das eine sehr große Vision ist. Wir können ja nicht einmal sagen, wie sehr seine Heiligkeit der Dalai Lama die Welt verändert. Der Mann ist mittlerweile 72 Jahre alt, doch er gönnt sich keine Ruhe. Er scheint überall zur gleichen Zeit zu sein. Und überall strömen die Menschen zu Tausenden zusammen, um ihn zu sehen. Weshalb möchten all diese Menschen den Dalai Lama sehen? Weil er Mitgefühl und Weisheit verkörpert. Und weil er den Leuten nicht vorschreibt, was sie tun sollen. Er sagt niemals: »Ich bin der Dalai Lama und ich sage euch, was ihr zu tun habt.« Er sagt vielmehr: »Wenn ihr wissen wollt, wie wir Frieden in der Welt schaffen können, dann müsst ihr es herausfinden.« Er sagte auch: »Meine Religion ist die Güte.« Das könnte doch ein Leitmotiv für uns alle sein!

Wir leben in einer unglaublichen Zeit mit all diesen einzigartigen und heilen Menschen in einer Welt, die alles andere als heil ist und die doch in ihrem Innersten zutiefst heil ist. Und jeder und jede von uns ist wichtig für diese Welt – weit wichtiger, als wir jemals zu glauben vermögen.

Die **Freiheit**
des Menschen fördern

Dr. Claudio Naranjo

»Ich war ein Suchender durch Berufung, und ein Suchender zu sein heißt, sich auf eine Reise zu begeben.« Mit diesen wenigen Worten charakterisiert Claudio Naranjo sein Leben selbst auf wohl eindrücklichste Weise. Und wer sich dem Weg dieses Mannes nähert, dem wird sich die große Lebenserfahrung und das breite Wissenspotenzial enthüllen, die auf diesem zusammenlaufen. Zugleich kündet dieser Lebensweg auch von den unablässigen Verwandlungen, die ein ernsthaft Suchender auf seiner inneren Reise durchläuft. Claudio Naranjo ist ein Pionier, der dem Leben bis ins Alter hinein Neuland abzuringen vermag, einer, der sich nie lange auf ein Wissensgebiet allein beschränkt, sondern sich immer wieder zu neuen und unbekannten Ufern aufmacht. Und zugleich ist er ein Brückenbauer, der das Neue in das Bestehende integriert und vermeintliche Gegensätze in seiner Person und seinem Lebenswerk vereint.

Der gebürtige Chilene ist Arzt, Psychiater, Gestalttherapeut, Meditationslehrer und Begründer des Enneagramms – um nur die wichtigsten Eckpfeiler seines Lebens zu nennen. Er ging bei Fritz Perls, dem Begründer der Gestalttherapie, in die Lehre, wurde dessen Mitarbeiter und schließlich Nachfolger am legendären Esalen-Institute in Kalifornien. Bereits in den 60er-Jahren erkannte er die Notwendigkeit einer Synthese von westlicher Psychologie und östlichen Weisheitslehren und führte als erster Gestalttherapeut Meditation als Element in die Psychotherapie ein. Damit wurde er zum frühen Wegbereiter der Transpersonalen Psychologie, die mittlerweile zu einer wichtigen integrativen Bewegung von Spiritualität und Psychotherapie heranwuchs und bahnbrechende Arbeit in der Bewusstseinserforschung des Menschen leistet.

Claudio Naranjo ist ein Reisender, dessen Forschungs- und Vortragstätigkeit ihn seit Jahrzehnten durch die ganze Welt führt. Und er ist ein Weltbürger im klassischen Sinne, dem die Suche nach universeller Verbundenheit und geistiger Toleranz in die Wiege gelegt wurde. So sagte er von sich selbst:»Ich wurde als Jude geboren, als Christ aufgezogen und zeigte fortan persönliches Interesse an allen Religionen. Ich schätze besonders die spirituelle Wahrheit, die über die verschiedenen Sprachen und symbolischen Systeme hinausgeht.« Seine spirituelle Suche führte ihn zu Lehrern verschiedenster spiritueller Traditionen und Kulturen. So war er Schüler des Zen-Meisters Suzuki Roshi und des Sufi-Meisters Idries Shah. In seiner eigenen Lehrtätigkeit ergänzt und verwebt er psychotherapeutische Praktiken mit traditionellen Meditationstechniken aus Vipassana, Zen und tibetischer Nyingma-Praxis.

Eingeweiht in verschiedene spirituelle Traditionen unternahm er mit seiner Erforschung psychedelischer Drogen und schamanischer Initiationen gewagte Grenzgänge und Grenzüberschreitungen und wurde so auch zu einem Wanderer zwischen den Welten.

Seine vielfältigen Erfahrungen mündeten schließlich in die Gründung einer eigenen Schule Seekers for Truth (SAT), deren erklärtes Ziel im Aufbau eines neuen, integralen Erziehungssystems besteht. In der Überwindung der traditionellen hierarchischen Gesellschafts- und Erziehungssysteme erblickt Claudio Naranjo die wichtigste Herausforderung unserer Zeit – nur dadurch kann seines Erachtens die Entwicklung von freien Menschen gewährleistet und damit ein grundlegender Beitrag zur Bewältigung der Krise unserer Zivilisation geleistet werden. Die Weitergabe der spirituellen Weisheit an die nächste Generation ist für ihn oberstes Gebot.

Ich selbst traf Claudio Naranjo erstmals auf einem Vortrag im Winter 2006, den er in Frankfurt hielt. Als er den Raum betrat und zu reden begann, war umgehend zu spüren, dass hier ein Mensch mit großer Lebensweisheit zu uns sprach, der zudem über das wertvolle Gut der Herzensbildung verfügt. Die Gewandtheit und Sicherheit, mit der er sich in seinem Vortrag durch die Philosophie und Kulturgeschichte des Abendlandes bewegte, zeigten, dass dieser Mann in der humanistischen Tradition des Universalgelehrten steht, der in der heutigen Zeit des Expertenwissens rar geworden ist. Besonders berührte mich seine Leidenschaft für Dichtung und Musik, die in alles Gesagte mit einfloss. Im Anschluss fragte ich ihn, ob er sich vorstellen könne, zu einem Vortrag auf den Benediktushof zu kommen, und er sagte ohne zu zögern zu.

Als sich die Kunde von seinem Kommen verbreitete, stand das Telefon am Benediktushof kaum mehr still. Menschen aus dem therapeutischen wie dem spirituellen Bereich äußerten ihre Freude, Claudio Naranjo persönlich erleben zu dürfen. Am Veranstaltungstag war der Vortragssaal bereits innerhalb kürzester Zeit überfüllt, und die Menschen drängten sich auf engstem Raum zusammen. Schließlich mussten wir für all diejenigen, die keinen Platz mehr fanden, den Vortrag per Lautsprecher in den Speisesaal übertragen. Trotz all dieser Widrigkeiten und trotz der qualvollen Enge während des Vortrags war eine ganz außergewöhnliche Atmosphäre an diesem Nachmittag spürbar, die sich aus der inneren Bewegtheit vieler Menschen speiste. Die in sich ruhende Präsenz und menschliche Wärme Claudio Naranjos berührte offensichtlich die Herzen vieler Zuhörerinnen und Zuhörer.

In dem folgenden Gespräch gibt er persönliche Einblicke in einige der wichtigsten Etappen seines Lebens. Es wird offensichtlich, dass bei seiner Arbeit immer die Heilung und Transformation des Einzelnen und der Gesellschaft im Mittelpunkt stehen. Seinen wichtigsten Beitrag hierfür sieht er in der Entwicklung eines neuen Erziehungssystems. Dafür ist er bereit, noch einmal all seine Kräfte zu mobilisieren und sein gesammeltes Wissen und seine Lebenserfahrung einzubringen. Wer ihn von seinem SAT-Projekt sprechen hört, spürt, dass dieser Mann auf einer Mission ist – nun geht es noch einmal ums Ganze, es geht darum, die eigene Vision einer ganzheitlichen Erziehung in die Welt zu tragen und ihr Gestalt zu verleihen. Trotz körperlicher Fragilität gönnt sich der mittlerweile 77-Jährige daher keine Ruhe und ist mehr denn je weltweit zu Kursen und Vorträgen unterwegs.

Als ich ihn nach seinem Besuch zum Flughafen begleitete und dort verabschiedete, spürte ich einen Anflug von Besorgnis, ihn so alleine weiterreisen zu sehen. Doch seine souveräne Gelassenheit inmitten der hektischen Betriebsamkeit um uns he-

rum machte mir umgehend klar: Claudio Naranjo ist ein Reisender, ein Kosmopolit, der auf den Flughäfen und Bahnhöfen dieser
Welt ebenso zu Hause ist wie am Kaminfeuer des eigenen Wohn-
zimmers.

📖 Buchempfehlungen

Claudio Naranjo: *Das Ende des Patriarchats,* Petersberg: Via Nova,
2000
- *Gestalt – Präsenz, Gewahrsein, Verantwortung,* Freimat: Arbor Verlag,
  1994
- *Erkenne dich selbst im Enneagramm,* München: Kösel Verlag, 1994

Kontakt
www.claudio-naranjo.de

Gespräch mit Dr. Claudio Naranjo

im August 2007 am Odenwald-Institut in Wald-Michelbach

Claudio, du bist einer der Gründerväter eines ganzheitlichen und innovativen Ansatzes, den wir heute »transpersonale Psychologie« nennen. Du hast bereits vor Jahrzehnten Pionierarbeit darin geleistet, therapeutische und spirituelle Wege miteinander zu verbinden. Würdest du einige deiner Erfahrungen schildern, die deinen Weg besonders geprägt haben?

Ich betrachte es als eine erste prägende Erfahrung, das einzige Kind einer äußerst fürsorglichen Mutter gewesen zu sein, die mich weitgehend von der Welt isolierte. Ich hatte daher kaum Spielkameraden. In der Schule war ich ein Außenseiter und wurde häufig für Nichtigkeiten bestraft. Ich ging in Chile auf eine englische Schule, und du musst dir diese wie aus einem Charles-Dickens-Roman vorstellen. Ungeheuer streng. Meine Kindheit war eine sehr schwierige Zeit. Wenn ich heute zurückblicke, würde ich sagen, ich hatte autistische Züge.

Als ich mich später für eine psychotherapeutische Ausbildung entschied, fühlte ich mich wie der antike Redner Demosthenes. Dieser war ursprünglich ein Stotterer, und er trainierte seine Sprache, indem er seinen Mund mit Kieselsteinen füllte und gegen die Brandung des Meeres anschrie. So ähnlich ging es mir – ich hatte Schwierigkeiten, menschliche Dinge zu begreifen. Dieses Gefühl der Unbeholfenheit ist eine der frühen Erfahrungen meines Lebens. Ich hatte eine vage Ahnung davon, was mir fehlte.

Und daher entschied ich mich wohl für einen heilenden Beruf, weil ich selbst der Heilung bedurfte.

Das erinnert mich sehr an den Begriff des »verwundeten Heilers«. Es sind ja häufig gerade die Menschen, die selbst einen Heilungsprozess durchlaufen müssen, die später andere Menschen bei ihrer Heilung unterstützen.

Ja, das trifft auf mich zu. Ich war ein Suchender, und mehr noch, ich war ein sehr durstiger Suchender. Das hing mit dem Gefühl zusammen, keine wirkliche Heilung finden zu können. In meinen ersten Ausbildungsjahren in Psychoanalyse hatten wir sehr gute Therapeuten aus England, doch sie haben einfach nichts in mir berührt, und ich musste mich in den Sitzungen anstrengen, um nicht einzuschlafen. Der erste Therapeut, der durch meine Gefühllosigkeit hindurchbrach, war Fritz Perls.

Was hatte Fritz Perls, was andere Therapeuten nicht hatten?

Er war sehr konfrontativ und unberechenbar. Er hatte die Qualitäten eines Zen-Meisters. Intuitiv spürte ich, dass er ein Wissender war. Ich fühlte mich von ihm erkannt. Er erkannte das Innerste des Menschen. Und aus dieser Erkenntnis heraus handelte er. Deshalb schenkte ich ihm mein absolutes Vertrauen und war bereit, mich dem Schmerz zu stellen. Es ist eine große Chance, wenn man einen Lehrer findet, dem man vertraut, denn er kann mehr verstehen, als du selbst es kannst, und er kann Verknüpfungen herstellen, die du selbst einfach nicht sehen kannst. Solange wir von unserem Ego konditioniert werden, können wir uns selbst nicht vollständig vertrauen. Sich einem weisen Lehrer anzuvertrauen, der dies bereits hinter sich gelassen hat, ist daher von großem Nutzen. Indem wir lernen, diesem vollständig zu vertrauen, können wir schließlich dahin gelangen, uns selbst zu vertrauen.

Natürlich ist unser westlicher Verstand in dieser Hinsicht sehr kritisch und teilweise ja auch zu Recht. Denn es gibt viele Leute, die vorgeben, Lehrer zu sein, und in Wirklichkeit sind sie narzisstisch, wollen Macht und Geld und genießen es, wenn Menschen sich ihnen ausliefern. Das ist eine sehr heikle Sache, doch jedes gute Original hat nun einmal seine Fälschungen, und wir können das Original nicht aufgrund seiner schlechten Duplikate abwerten.

Kannst du noch etwas über Fritz Perls und deine Suche nach Heilung sagen?

Ich suchte danach, mich selbst zu verstehen und dadurch zu verändern. Von Fritz Perls hieß es, die Arbeit mit ihm sei sehr schmerzhaft. Er wurde mit einem Chirurgen verglichen, der das Skalpell ansetzt und schneidet. Und doch war ich völlig offen, als ich meine erste Sitzung bei ihm hatte. Ich sagte mir: Wenn er mir Dinge sagt, die wahr sind, auch wenn sie mich verletzen, so ist es doch trotzdem die Wahrheit, nach der ich suche. Weshalb also sollte ich verletzt sein, wenn er mir das gibt, wonach ich suche? Mit dieser Erkenntnis verschwand meine Angst.

Er hatte offensichtlich auch großes Vertrauen in dich, denn du wurdest ja einer seiner direkten Nachfolger am berühmten Esalen-Institut in Kalifornien.

Er setzte schon frühzeitig großes Vertrauen in mich. Als er vom Esalen-Institut gebeten wurde, eine Monografie über

Gestalttherapie zu schreiben, da bis dahin noch nichts zu dem Thema erschienen war, fragte er mich, ob ich dies für ihn tun könne. Ich empfand dies damals als große Ehre. Er war sehr glücklich über das Buch, denn es erschien ihm als eine gelungene Zusammenfassung seiner Arbeit.

Deine Arbeit ist bis heute in der Gestalttherapie hoch angesehen. Was du dann jedoch getan hast und was für Therapeuten zur damaligen Zeit eher ungewöhnlich war, ist dein Brückenschlag hin zur Spiritualität. Wer waren hier die wegweisenden Menschen für dich?

Mein frühester Einfluss in diesem Bereich waren zwei Menschen; Gurdjieff, den ich persönlich zwar niemals kennenlernte, doch dessen Roman »Belzebub« einen starken Eindruck auf mich machte. Er war für mich eine Art Großvater, den ich selbst nie gehabt hatte. Belzebub kehrt in diesem Science-Fiction-Roman in das heilige Zentrum des Universums zurück, da er seine Aufgabe auf der Erde erfüllt hat. Gurdjieff selbst wurde ja immer als etwas teuflisch angesehen, er bediente sich gerne einer obszönen Sprache und konnte sehr beleidigend sein. In dieser Hinsicht hatte er viel mit Fritz Perls gemeinsam. Und ebenso wie Fritz Perls war er sehr scharfsichtig und konfrontativ.

Und dann gab es in Chile den Bildhauer und Dichter Totila Albert, der einen großen Einfluss auf mich ausübte. Er schrieb Gedichte in deutscher Sprache, die er mir nach seinem Tod vermachte. Er war ein Eingeweihter – er hatte die ganze Reise gemacht. Wenn ich heute auf ihn zurückblicke, erscheint er mir wie eine Inkarnation des Propheten Elias. Er litt an der Welt und wollte die Menschen aufrütteln und ihnen zeigen, dass wir in einer kranken und verrückten Welt leben. Bereits in den 50er-Jahren sah er die große Krise auf uns zukommen, in der wir uns heute befinden. Und er war ein erklärter Feind des Patriarchats. Für mich war er mehr ein väterlicher Freund als ein Lehrer. Er sagte mir nie, was ich tun solle. Bevor er starb, bat ich ihn um einen letzten Rat, und er sagte mir: »Das Einzige, was in deinem Leben noch fehlt, ist tief empfundener Schmerz. Doch sorge dich nicht, du wirst ihn zu spüren bekommen, wenn du 37 Jahre alt bist.«

Und ist die Prophezeiung eingetroffen?

Ja, ich habe mit 37 Jahren meinen einzigen Sohn verloren. Danach bin ich für 40 Tage unter der Führung eines Sufis in die Wüste gegangen. Ich machte dort tiefe spirituelle Erfahrungen. Es war der Beginn einer neuen Ära in meinem Leben, eine Art Neugeburt. Ich begann, ein kontemplatives Leben zu führen. Ich fühlte mich inspiriert und wusste mich innerlich geführt. Die Dinge geschahen einfach. Und ich begann zu lehren.

War das die Zeit, in der du Therapie und Spiritualität zusammengebracht hast?

Ja, ich begründete in Chile meine eigene Schule und ging bald darauf nach Kalifornien. Ich war in dieser Zeit sehr charismatisch, und viele Menschen fühlten sich von mir angezogen. Ich hielt Vorträge und gab Interviews und arbeitete mit großen Gruppen. Zu dieser Zeit startete ich auch die Enneagramm-Bewegung. Und dann kam die dunkle Nacht der Seele über mich. Der Gipfelerfahrung folgte der Abstieg ins Tal. Alles in mir schien auszutrocknen, und ich verbrachte viele Jahre in einer inneren Wüste.

Was hast du in dieser Zeit gemacht, und wie bist du damit um-
gegangen?

Ich habe weiter in meinem Beruf gearbeitet, bin viel gereist
und habe Vorträge und Workshops in der ganzen Welt gegeben. Ich wurde Mitglied des »Club of Rome« und arbeitete in dessen Zukunftsrat mit. In dieser Zeit begann ich
den kritischen Zustand der Welt zu erkennen. Bis dahin
hatte ich in gewisser Hinsicht in einem Elfenbeinturm gelebt. Ich hatte mich auf meine wissenschaftlichen Studien
konzentriert und auf meine therapeutische und spirituelle
Arbeit mit Menschen. In der politischen Arbeit war es mir
aufgrund meines psychologischen Wissens möglich, hinter
die Dinge zu blicken und innere Zusammenhänge zu erfas-
sen, die andere übersahen. Zu dieser Zeit wurde mir klar,
dass das verinnerlichte Patriarchat der Hauptgrund für all
unsere Probleme ist.

Du hast ja schon sehr früh und als einer der ganz wenigen Män-
ner Patriarchatskritik geübt. In deinem Buch »Das Ende des Pa-
triarchats« hast du deutlich gemacht, dass die hierarchische und
autoritäre Struktur des Patriarchats nicht nur gleichberechtigte
und von Liebe getragene Beziehungen verhindert, sondern auch
zur Ausbeutung der Erde, zum Ungleichgewicht zwischen Arm
und Reich und zur Macht weniger über viele in der Welt führte.

Angefangen bei Männern wie Bachofen, der den Begriff »Patriarchat« im 19. Jahrhundert einführte, bis hin zu Ken Wil-
ber heute wird das Patriarchat ja als ein Schritt nach vorn
und als etwas durchaus Positives interpretiert, schließlich
brachte es uns den Fortschritt, die Schrift, den Kalender
und all das. Doch für mich ist offensichtlich, dass damit
auch Krieg, Sklaverei, soziale Ungerechtigkeit und der ganze

Schlamassel, in dem wir uns gegenwärtig befinden, begannen. Heute ist der Wettbewerb eines der größten Probleme in der Welt. Wettbewerb ist Ausdruck des patriarchalen, autoritären Geistes. Der weibliche Geist setzt auf Kooperation und gleichberechtigte Beziehungen. Natürlich tragen wir Menschen beides in uns, Vater und Mutter, Aggression und Zärtlichkeit, doch beide Pole sind völlig aus dem Gleichgewicht geraten. Im kabbalistischen Lebensbaum vereinen sich Mitgefühl und Stärke durch Schönheit. Daran sollten wir uns orientieren.

Unsere derzeitige Gesellschaft hingegen ist Ausdruck des patriarchalen Geistes und dessen Überbewertung der Vernunft. Der Stolz auf seinen Verstand hat den Homo sapiens in die Demenz geführt. Dessen vermeintliche Vernunft richtet sich mit seiner Unterdrückung des Weiblichen und der Unterwerfung des inneren Kindes gegen die Werte des Lebens.

Einige dieser Gedanken, die ich schon lange hegte, kristallisieren sich für mich nun im Alter sehr klar heraus. Mittlerweile glaube ich, dass Zivilisation nichts anderes ist als Domestizierung. Jede Generation versucht, ihre Kinder zum Abbild ihrer selbst zu machen, und lehrt sie ihre eigenen Begrenzungen. Und all das basiert auf einer Grundhaltung, die der Natur feindlich gegenübersteht.

Diese Domestizierung und Zurichtung des modernen Menschen durch Erziehung wurde von dem Kulturhistoriker Norbert Elias in seinem Werk »Der Prozess der Zivilisation« Mitte des letzten Jahrhunderts ja in eindrucksvoller Weise beschrieben.

Oh, das ist interessant, das werde ich lesen. Ich selbst habe gerade ein Buch verfasst mit dem Titel »Zivilisation – eine heilbare Krankheit«. Das war auch das Thema meines Vortrags, den ich vor einigen Tagen auf einer großen Konferenz mit dem Dalai Lama in Freiburg hielt: »Zivilisation – eine Krankheit, die nur durch Erziehung zu heilen ist.« Wir können die Welt nicht allein durch Spiritualität und Therapie verändern. Das wirkt auf der individuellen Ebene, doch nicht auf der kollektiven Ebene. Allein durch Erziehung ist es möglich, etwas Neues zu schaffen, bevor der menschliche Geist durch die Gesellschaft geprägt und konditioniert ist.

Doch wer kann die nächste Generation etwas Neues lehren, wenn wir alle von der Gesellschaft konditioniert und vom patriarchalen Geist zutiefst geprägt sind?

Mein Erziehungsprogramm dient in erster Linie der Schulung und Weiterbildung von Lehrerinnen und Lehrern, denn meine Hoffnung auf Veränderung der Erziehung beruht auf deren Heilung und Transformation. Die Lehrer und Lehrerinnen selbst müssen zu Suchenden werden und sich dem Weg öffnen. Es geht nicht darum, sie intellektuell etwas zu lehren, sondern es geht um ihre eigene Suche nach Heilung. Wenn genügend Pädagogen mit dem inneren Weg in Berührung kommen, können sie auf das Erziehungssystem Einfluss nehmen und Reformen fordern, die unbedingt vonnöten sind. Ich halte es für absolut notwendig, dass Spiritualität und Therapie in die Erziehung eingebracht werden. Bislang sind sie ein Tabu. Und da dieses Tabu sehr mächtig ist, kann es nicht von Menschen außerhalb des Systems gebrochen werden, sondern nur von den Pädagogen selbst. Da wir festgestellt haben, dass in pädagogischen Kreisen große Vorbehalte gegen die therapeutische und spirituelle Sprache herrschen, versuchen wir, spirituelle und therapeutische Inhalte in einer »säkularisierten« Sprache zu vermitteln. Vor allem geht es uns um die Erfahrung selbst. Und die vermitteln wir in unserer Ausbildung durch ein 12-Punkte-Programm, in dem wir verschiedene Elemente aus Psychotherapie und Spiritualität in einer sich natürlich ergänzenden Weise miteinander verknüpft haben.

Eine heile Gesellschaft kann nur von Menschen geschaffen werden, die selbst heil sind. Das sehe ich als eine deiner Kernaussagen. Wenn wir uns selbst ins Gleichgewicht bringen, bringen wir damit auch die Welt wieder ins Gleichgewicht?

Ja, und deshalb ist ein wichtiger Teil meiner Arbeit die Versöhnung von Vater, Mutter und Kind in der inneren Familie. Wir alle haben unsere Herkunftsfamilie verinnerlicht. Wenn wir eine destruktive Familie hatten, dann haben wir auch heute noch eine destruktive Familie in unserem Inneren. Und die müssen wir heilen. Ich bin davon überzeugt, dass die Vielfalt der Neurosen unserer Zeit Ausdruck des patriarchalen Geistes und dessen Überbewertung von Vernunft, Autorität und maskulinen Werten sind. Erst wenn wir in der Lage sind, unsere innere Trinität ins Gleichgewicht zu bringen und zu vereinen, erlangen wir einen freien Geist.

Bedarf es für diese Vereinigung des Zusammenwirkens von Spiritualität und Psychotherapie?

Meiner Ansicht nach schon, denn sonst wird es sehr schwierig. Es gibt Menschen, die glauben, dass wir dies durch Meditation allein bewirken könnten. Eine verletzte Psyche blockiert jedoch spirituelle Erfahrungen. Viele Menschen können gar nicht meditieren, wenn sie von Verletzungen und ihrer schmerzvollen Vergangenheit heimgesucht werden. Wie sollte ihr Geist ruhig werden, wenn sie so viele innere Konflikte in sich haben?

Wenn ich auf dein Leben blicke und mir all die vielen Bereiche anschaue, in denen du Erfahrungen gesammelt hast, dann scheint es mir, als ob du immerzu in einem Prozess der Veränderung bist, immer interessiert und aufgeschlossen für das Neue. Nicht umsonst hast du ja wohl dein Erziehungsprogramm SAT – Seekers for Truth – genannt. Bist du auch heute noch ein Suchender, Claudio?

In gewisser Weise schon, doch zwischenzeitlich würde ich mich eher als einen Wartenden denn als einen Suchenden bezeichnen. Als jemanden, der auf die Vollendung eines inneren Prozesses wartet. Und dieser geschieht von selbst, ohne dass ich mich dafür anstrengen müsste. Mir ist, als werde die Ernte eingebracht. Es ist ein Prozess, der zurzeit vor allem in meinem Körper stattfindet. Alle meine Nadis beginnen sich zu öffnen, und es strömt eine mächtige Energie durch mich hindurch. Es fühlt sich an, als öffne sich ein Vulkan in mir. Noch spüre ich Blockaden, vor allem in meinen Händen und Füßen. Und noch ist mein Verständnis von der Natur des Geistes nicht zur vollen Reifung gelangt. Doch ich habe völliges Vertrauen in diesen Prozess. Wenn die Energie ihre volle Umlaufbahn erreicht hat, wird mein spiritueller Weg seine Vollendung finden.

In der Zwischenzeit gibt es noch viel für mich zu tun. Ich habe in der letzten Zeit sehr hart gearbeitet. Es ist die wohl aktivste, damit aber auch anstrengendste Zeit meines Lebens. Vielleicht kennst du die Geschichte von den zwei Männern, die aus einem Felsen Steine schlagen. Als der eine gefragt wird, was er tue, sagt er: »Ich klopfe Steine.« Als der andere gefragt wird, antwortet dieser: »Ich helfe beim Bau einer Kathedrale.« So sehe ich meine Arbeit und meinen Auftrag. Ich helfe Suchenden, weil ich selbst immer ein Suchender war. Ich kann ihnen das weitergeben, was ich selbst gefunden habe. Was ich auf meinem therapeutischen und spirituellen Weg erfahren durfte, bringe ich nun in den Bereich der Erziehung ein.

Nicht umsonst lautet ja der Titel deines letzten Buches »Changing Education to Change the World«. Du hast ein Erziehungsprogramm ins Leben gerufen, das deine Idee einer integralen und ganzheitlichen Erziehung umzusetzen sucht. Kannst du deine Vision einer Veränderung der Welt durch Erziehung genauer darlegen?

Ich erhoffe mir von der Erziehung der Zukunft die Überwindung unserer kollektiven Krankheit – damit meine ich die Überwindung des patriarchalen Geistes. Da der patriarchale Geist die Herrschaft des Vaters in der inneren Familie begründet, brauchen wir dringend eine ganzheitliche Erziehung. Unter Ganzheitlichkeit verstehe ich die ausgeglichene Integration von Intellekt, Liebe und archaischer Freiheit, die zugleich Ausdruck der drei »inneren Personen« sind: Vater, Mutter, Kind. In diesem System finden die mütterlichen Eigenschaften von Mitgefühl und Güte ebenso ihren Platz wie die Spontanität unseres inneren Kindes und dessen Streben nach Glück. Um dieses Gleichgewicht herstellen und halten zu können, benötigen wir die Praxis einer nicht-wertenden Selbstbeobachtung vor dem Hintergrund spiritueller und psychotherapeutischer Selbsterfahrung.

Und es ist mein erklärtes Ziel, diese integrative Praxis in die Erziehung einzubringen, um dadurch das psycho-spirituelle Wachstum, die Ganzheitlichkeit und Freiheit des Menschen zu fördern.

Glaubst du, dass uns angesichts der rasant voranschreitenden Zerstörung der Welt noch die Zeit für unseren Wandel und den der nächsten Generation bleibt?

Ich war immer sehr zuversichtlich, was die Zukunft betrifft, denn ich neige dazu, den alten Prophezeiungen von Zoro-aster, den Hindus, Buddhisten, Juden, Christen und Scha-manen Glauben zu schenken. Und wenn die Schöpfung nicht ein reines Zufallsprodukt, sondern tatsächlich Aus-druck einer den Kosmos durchwaltenden Intelligenz ist, wie könnten da die Kräfte der Unwissenheit siegen?

Seit einiger Zeit jedoch wachsen auch meine Beden-ken. Die Klimakatastrophe wird uns soziale Konflikte von unvorhersehbarem Ausmaße bescheren. Und wir leben am Beginn eines globalen wirtschaftlichen Herrschaftssystems, das sich derzeit noch als demokratisch tarnt, doch wenn in naher Zukunft die Nationen verschwinden, weil die Macht der transnationalen Konzerne weit größer ist, wird offen-sichtlich werden, dass einzig das Kapital regiert. Jacques Attali, der frühere Berater von Chirac, schreibt in seinem neuen Buch, dass die Demokratie nichts anderes als eine Fassade ist, die aufrechterhalten wird, solange es noch Staa-ten gibt, denn sie bietet durch Gesetze und Verordnungen etwas Schutz gegen das blanke Wirtschaftsdiktat. Er hält es für sehr wahrscheinlich, dass nach der Auflösung der souveränen Staaten das globale Herrschaftssystem seine Maske der Demokratie ablegen wird und dass ab dann nur noch die Tyrannei des Marktes regiert – bis sich schließlich weltweit die Menschen in einer Revolution dagegen erheben werden.

Es kann sein, dass der Kollaps des Patriarchats uns in ein Armageddon katapultiert. Doch ich habe die Hoffnung, dass dieser Krise eine Weltgemeinschaft auf einer höheren evolutionären Bewusstseinsstufe erwächst, der es schließlich gelingt, in Frieden miteinander zu leben.

Claudio, du leistest mit deiner Arbeit einen wichtigen Beitrag zum Wandel des menschlichen Bewusstseins. In der Bhagavadgita steht sinngemäß geschrieben: Es ist an uns, unsere Aufgabe zu erfüllen. Ob wir damit die Welt retten können, liegt nicht mehr in unserer Hand.

Ganz genau so sehe ich dies auch. Unser Bewusstsein ist der entscheidende Faktor, der über unsere Zukunft bestimmt. Die große Gefahr, in der wir uns befinden, kann daher durchaus auch unsere Rettung sein. Vielleicht wird durch sie unser Bewusstsein aufgerüttelt, indem sie uns mit unserem möglichen Tod und Untergang konfrontiert.

Ich setze daher meine Hoffnung auf die Erziehung und eine Schule des Lebens, die uns in diesen turbulenten und gefährlichen Zeiten auf unserem Weg geleiten kann.

Unser volles **Potenzial als Mensch** entfalten

Jeanne Hay

Wir leben in einer Welt voller Wunder, Geheimnisse und Schönheit. Doch oft fühlen wir uns von dieser Welt getrennt und sind außerstande, ihre Fülle tatsächlich wahrzunehmen und auszukosten. Stattdessen befinden wir uns in einem Zustand der Unzufriedenheit und des Unglücklichseins. Weshalb ist dies so? Und was können wir tun, um wieder in Kontakt mit der Schönheit des Lebens zu kommen?

Auf diese Fragen will der »diamantene Weg des Herzens« Antwort geben und es Menschen ermöglichen, die verloren gegangene Einheit mit ihrem wahren Sein wieder zu erlangen. Diese von A. H. Almaas 1976 gegründete spirituelle Schule, die Ridhwan-Schule, vereint die Weisheitslehren und meditativen Techniken des Ostens mit zeitgenössischen Erkenntnissen und Methoden aus Psychologie und Psychotherapie. Deren Synthese trägt der neuen Sicht von der Ganzheitlichkeit des Menschen Rechnung und soll gewährleisten, dass der Mensch sich auf allen Ebenen seines Seins entfalten kann. Wachstum, Entwicklung und Transformation sind die erklärten Ziele dieser Schule.

Jeanne Hay ist seit über 20 Jahren Lehrerin der Ridhwan-Schule und gehört deren internationalem Leitungsteam an. Sie erlebte die große spirituelle Aufbruchsbewegung in den USA der 70er-Jahre von Anfang an hautnah und intensiv mit. 1974 lernte sie Chögyam Trungpa Rinpoche kennen, einen der ersten tibetischen Meister, der die Lehren des Buddha in die USA brachte und dort viele buddhistische Zentren gründete. In dieser Zeit begegnete sie auch den Theravada-Lehrern Jack Kornfield und Joseph Goldstein, die heute als die einflussreichsten westlichen Wegbereiter des Buddhismus in den Vereinigten Staaten gelten. Von diesen ließ sie sich in die östliche Praxis der Meditation und Bewusstseinserforschung einweisen. Ihren wahren Lehrer sollte sie jedoch erst ein Jahr später in Person des damals noch völlig unbekannten Hameed Almaas treffen.

A. H. Almaas gilt heute als wichtiger Vertreter einer neuen spirituellen Vision, die der Suche des modernen Menschen nach Ganzheitlichkeit und Entwicklung in allen Seinsbereichen Ausdruck verleiht. Diese Vision ist von einem grundlegend positiven Menschenbild gespeist, von der Überzeugung, dass jeder Mensch von Geburt an alle essenziellen Qualitäten bereits in sich trägt. Almaas zufolge ist jeder Mensch von Anfang an Essenz, reines Sein. Dieses reine Sein beinhaltet all das, was Plato einst die »ewigen Wahrheiten« nannte – Liebe, Mitgefühl, Weisheit, Mut, Stärke, um nur einige zu nennen. Die Tragik der menschlichen Existenz liegt darin, dass wir im Verlauf unseres Entwicklungsprozesses, durch

Erziehung und Umwelteinflüsse, durch Verletzungen und traumatische Erfahrungen zunehmend von diesen essenziellen Qualitäten und damit von unserem wahren Sein getrennt werden. In diesem Prozess bildet sich unsere Persönlichkeit heraus, und unser Ego nimmt die Stelle unserer wahren Identität ein. Letztere geht zwar nie verloren, doch sie wird durch die Verfestigung unserer Persönlichkeit verdeckt, und wir verlieren zunehmend den Kontakt zu ihr.

In dieser Entfremdung erblickt die Ridhwan-Schule die Ursache für das menschliche Leid. Anstelle der ursprünglichen Fülle entsteht ein Mangel, der vom Menschen als Schmerz empfunden oder als innere Leere wahrgenommen wird. All unsere Bedürfnisse und Begierden, unser Festhalten und Haben-Wollen sind letztlich nichts anderes als die hilflosen Versuche, diese Leere zu füllen und den Schmerz zu stillen. Unsere schnell entflammbaren und scheinbar unkontrollierbaren Emotionen, Wut, Angst, Eifersucht, sind Reaktionen auf diesen Mangel und ein Signal dafür, dass wir uns von unserer wahren Essenz abgeschnitten fühlen.

Der »diamantene Weg des Herzens« will uns wieder mit unserem wahren Sein vereinen und damit befähigen, unser volles Potenzial als Mensch auszuschöpfen. Doch wie gelangen wir zu dieser inneren Quelle unseres Seins? Indem wir, so Jeanne Hay, den Fäden des Leides in unserem Leben folgen, denn sie sind es, die uns unweigerlich zum Ursprung unserer Essenz führen. Damit wirft die Ridhwan-Schule einen ungewöhnlichen und grundlegend positiven Blick auf das menschliche Leid, das ihr geradezu als Ressource für Transformation und Heilung gilt. Unsere Schmerzen, Verletzungen und Verblendungen werden als wertvolles Material erachtet, dessen Bearbeitung uns menschliche Entwicklung und spirituelle Entfaltung ermöglicht.

Dieser Weg erfordert zweifelsohne Mut, Entschlossenheit und Hingabe. Und er macht eine kompetente Begleitung erforderlich, die sicher durch die stürmischen Gefilde der Emotionen und durch den Schmerz führt. Jeanne Hay ist für viele Menschen zu einer weisen Begleiterin auf diesem Weg geworden. Sie ist eine Frau von großer Herzensgüte und zugleich von bestechender Klarheit. Nichts scheint ihr fremd zu sein, alles darf in ihrer Gegenwart sein. Alle Emotionen, Widerstände und Blockaden, die in der Arbeit auftauchen, werden von ihr mit dem mitfühlenden und wissenden Blick eines Menschen betrachtet, der selbst durch sie hindurchgegangen ist und weiß, dass sie nichts anderes sind als der schmerzhafte Ausdruck unserer Trennung vom wahren Sein. Mittels der Methode der Selbsterforschung, die neben der Meditation das Kernelement des »diamantenen Weges« ist, führt sie Menschen durch ihre Täuschungen und Verblendungen und ermöglicht ihnen Einsicht in ihre wahre Identität.

Diese Arbeit ist von einer ungewöhnlichen Intensität, denn sie fordert von allen Beteiligten Wahrhaftigkeit und Authentizität. Sie fordert, das eigene Herz aufrichtig zu befragen und das dort Gefundene offenzulegen und mit anderen Menschen zu teilen. Man blickt nicht nur dem eigenen Schmerz ins Gesicht, sondern ebenso dem Schmerz der Mitmenschen. Dadurch entstehen eine große Nähe und eine von tiefem Mitgefühl getragene Verbindung untereinander. Die Menschen, die nach diesen Tagen auseinandergehen, sind nicht mehr die gleichen, die sich eingangs trafen. Sie haben etwas von dem erfahren, was weit mächtiger und tragender ist als ihre Persönlichkeit. Ich selbst habe in den vergangenen Jahren viele berührende Begegnungen und heilende Momente in den Kursen mit Jeanne Hay erleben dürfen.

Jeanne Hay lebt in San Francisco und lehrt und arbeitet die meiste Zeit des Jahres in den USA. Alljährlich kommt sie für einige Wochen nach Europa, wo sie an verschiedenen spirituellen Zentren Kurse gibt und mittlerweile auch ein Ausbildungsprogramm des »diamantenen Weges« ins Leben gerufen hat, das Diamond Heart Europe. Ihren Besuchen am Benediktushof blicke ich immer mit großer Freude entgegen. Sie bringt in ihrem Gepäck die Weite Kaliforniens an den fränkischen Aalbach und zugleich eine wunderbare »Leichtigkeit des Seins«, die sie an ihre Umgebung ausstrahlt. Jede Begegnung mit Jeanne ist eine Herzensbegegnung. Sie erinnert Menschen daran, ihrer inneren Stimme zu vertrauen und dem Ruf ihres Herzens zu folgen.

📖 **Buchempfehlungen**

A. H. Almaas: *Essentielle Verwirklichung,* Freiamt: Arbor Verlag, 1998
– *Essentielle Befreiung,* Freiamt: Arbor Verlag, 1999
– *Essentielles Sein,* Freiamt: Arbor Verlag, 2000

Kontakt
www.ridhwan.org

Gespräch mit Jeanne Hay

im Oktober 2007 am Benediktushof in Holzkirchen

Jeanne, du gehörst zum Leitungsteam der Ridhwan-Schule und lehrst seit mehr als 20 Jahren sowohl in den Staaten als auch in Europa den »diamantenen Weg des Herzens«. Kannst du einiges zu deinem eigenen Weg und wie er dich zur Ridhwan-Schule führte, erzählen?

Ich bin in einer traditionellen und strenggläubigen Methodistenfamilie im Süden der USA aufgewachsen. Und da es vieles gab, was ich einfach nicht verstehen konnte, habe ich bereits sehr früh damit angefangen, Fragen zu stellen. Weshalb etwa sollten Menschen, die nicht an Jesus Christus glaubten, verloren sein? Auf meine Fragen wurde mir jedoch immer nur geantwortet: »Frag nicht so viel, sondern glaube.« Deshalb ließ ich die Kirche als Heranwachsende schon bald hinter mir. Das waren die 60er-Jahre, die Zeit der Hippiebewegung, und ich führte ein recht wildes Leben. Mit 26 Jahren war ich bereits zweimal geschieden und musste feststellen, dass mein Leben reichlich aus der Bahn geraten war. Dabei hatte ich gute Voraussetzungen gehabt, meine Familie war wohlhabend, und ich hatte von meiner Mutter und meiner Großmutter sehr viel Liebe erfahren. Ich konnte daher nicht verstehen, weshalb plötzlich alles so schieflief. Eines Tages ging ich in einen Buchladen, und wie es der Zufall wollte, fiel mir dabei ein Buch in die Hand. Es war »Die drei Pfeiler des Zen« von Philip Kapleau, und ich begann, darin zu lesen. Ich habe zwar überhaupt nichts von dem begriffen, was Kapleau da über Zen und Koans schrieb, aber was mich sofort angesprochen hat, war seine Überzeugung, dass jeder Mensch durch Übung eine unmittelbare Erfahrung machen kann. Es ging in diesem Buch nicht um Glauben, sondern um Erfahrung. Die Erkenntnis, dass es uns Menschen möglich ist, die Wirklichkeit auf einem Übungsweg zu erfahren, hat mein Leben mit einem Schlag verändert.

Ich machte mich daraufhin auf die Suche nach einem passenden Ort, an dem ich dies üben konnte. Eines Tages drückte mir jemand eine Broschüre von Chögyam Trungpa Rinpoches neu gegründetem Institut in Colorado in die Hand. Ich las sie, packte kurz entschlossen all meine Habseligkeiten ins Auto, verließ das College mitten im Semester und kehrte nie wieder zurück. Das war 1974, ein einzigartiger Sommer. Trungpa Rinpoche hatte Menschen aus allen Traditionen zu diesem Treffen eingeladen, es waren Buddhisten, Hindus, Christen da und Vertreter vieler verschiedener spiritueller Übungswege. Er brachte all diese Menschen an diesem kleinen Ort in Colorado zusammen. Sein Zentrum war wie ein Magnet. Tausende kamen in diesem Sommer und konnten verschiedene spirituelle Techniken und Übungswege kennenlernen. Ich traf Joseph Goldstein, Jack Kornfield und Sharon Salzberg und begann bei ihnen zu praktizieren. Sie erwarben ein Jahr später ein wunderbares altes Kloster in Massachusetts, und dort war ich von Anfang an dabei, meditierte und arbeitete als Köchin. Doch im Laufe der Zeit spürte ich, dass es Dinge gab, die ich durch Meditation allein einfach nicht lösen konnte. Ich war auf meinem Kissen sehr stark in mentalen Aktivitäten gefangen. Da war so viel alter Ballast, und ich spürte intuitiv, dass ich damit anders arbeiten musste. Ich fragte

Jack Kornfield, wie ich dies angehen sollte, und er riet mir, für einige Zeit in ein neu gegründetes Zentrum nach Kalifornien zu gehen, in dem der spirituelle Übungsweg mit psychologischen Methoden verbunden wurde. Dort teilte ich das Zimmer mit einer Frau, die in Kontakt mit einem Mann namens Almaas kam und mit diesem zu arbeiten begann. Ich konnte beobachten, dass sie sich sehr schnell veränderte. Das hat natürlich mein Interesse geweckt, und so beschloss ich, diesen Mann kennenzulernen, was ich auch kurz darauf tat. Vom ersten Augenblick an war eine starke Verbindung zwischen uns. Zu dieser Zeit hatte er noch keine Schule etabliert und arbeitete ganz individuell mit Menschen. Ich ging zu ihm zur Einzelarbeit, bis er schließlich seine erste Übungsgruppe gründete, zu der er mich einlud. Und so begann meine Arbeit mit Hameed Almaas.

Wenn du von dieser starken Verbindung sprichst, die du beim ersten Zusammentreffen spürtest, worin bestand sie? Was war für dich das Besondere an diesem damals noch völlig unbekannten Menschen?

Ich spürte vom ersten Augenblick an, dass er die Tiefe erfahren hatte, die der Buddhismus lehrt. Und gleichzeitig verstand er es, mit meiner Persönlichkeit zu arbeiten. Es war die Verbindung von Spiritualität und Psychologie, die mich überzeugte. Er hatte die Beziehung von Ego, Bewusstsein und wahrer Natur durchblickt. Und das war genau das, wonach ich suchte.

Kannst du die Beziehung von Ego, Bewusstsein und wahrer Natur aus Sicht der Ridhwan-Schule erklären? Diese Begriffe sor-

gen ja oft für Verwirrung, weil sie in verschiedenen Schulen und Traditionen unterschiedlich benutzt und interpretiert werden.

Wir alle sind mit einem offenen und undifferenzierten Bewusstsein geboren, das aufgrund dessen sehr empfindsam und zart ist. Charakteristisch sind seine Beeindruckbarkeit und seine Konditionierbarkeit. Daher werden wir gerade in den ersten Lebensjahren von äußeren Eindrücken stark beeinflusst und konditioniert. Verinnerlichte Ideale und Glaubenssätze sowie Identifizierungen prägen dann unser Selbstbild und führen dazu, dass sich unsere Ego-Struktur bildet. Diese Ego-Struktur ist wie ein Filter, der sich über unser Bewusstsein legt und verhindert, dass wir die Welt so sehen, wie sie wirklich ist. Doch trotzdem besteht unser Ego nach wie vor aus Bewusstsein. Und letztlich besteht es aus unserer wahren Natur, aus purer Essenz. Die wahre Natur ist immer da und geht nie verloren, unser Bewusstsein verliert nur die Wahrnehmung davon. In jedem Menschen ist die wahre Natur mit all ihren essenziellen Qualitäten – Liebe, Weisheit, Mitgefühl, Mut, Wahrheit, um nur einige zu nennen – immer und von Anfang an präsent, auch wenn wir uns von ihr getrennt fühlen. Und je problematischer unsere Kindheit war, desto verhärteter und rigider ist die Ego-Struktur und desto schwieriger ist es für diese Qualitäten, durchzudringen und sich zu zeigen. Oft sind es genau diese schmerzhaften Probleme aus der frühen Kindheit, die Menschen dazu motivieren, sich auf einen spirituellen Weg zu begeben.

Wie können wir denn wieder unmittelbaren Zugang zu unserer wahren Natur erlangen, wenn diese ständig durch unsere Ego-Struktur verhüllt ist?

Es geht in unserer Arbeit darum, durch das Verstehen der Ego-Struktur ihre Öffnung hin zu unserer wahren Natur zu ermöglichen. Je durchlässiger die Ego-Struktur wird, desto leichter können unsere wahren Qualitäten durchscheinen und unsere Persönlichkeit durchdringen. Lass es mich am Beispiel Mitgefühl erklären: In unserer Arbeit gehen wir davon aus, dass niemand erleuchtet sein muss, um wahres Mitgefühl zu spüren. Jeder Mensch kann sich dieser essenziellen Qualität öffnen, da sie Teil unserer wahren Natur ist. Ein Grund, weshalb wir unser Mitgefühl blockieren und oft nicht spüren, ist, weil wir unseren eigenen Schmerz und unsere eigenen Verletzungen nicht spüren möchten. Indem wir stark und unverletzlich sein wollen, blockieren wir unser Herz und damit auch unser Mitgefühl. Wenn wir also unser Mitgefühl wecken möchten, dann beginnen wir immer zuerst bei dem eigenen Schmerz. Wir fragen: Kannst du deinen Schmerz fühlen? Wie fühlt er sich an? Wo kannst du ihn spüren? Auf welche Weise unterdrückst du deinen Schmerz?

Wir arbeiten somit an der Ego-Struktur und suchen nach Antworten darauf, weshalb der Mensch seinen Schmerz nicht spüren möchte und welche Ideen, Glaubenssätze und Überzeugungen dahinterstehen. Wir beginnen immer da, wo der jeweilige Mensch gerade steht. Manche Menschen können sehr leicht Mitgefühl empfinden, doch dafür haben sie vielleicht Schwierigkeiten, Stärke zu spüren und zu entwickeln. Sie können sanft und liebevoll und behutsam sein, doch es gelingt ihnen nicht, in Kontakt mit ihrer essenziellen Stärke zu kommen. Wir sind ja alle verschieden und sind aufgrund unterschiedlicher Einflüsse und Konditionierungen für manche Qualitäten durchlässiger als für andere.

Da wir gerade bei der Stärke sind: Könntest du vielleicht an ih-
rem Beispiel erklären, wie Menschen wieder in Kontakt mit die-
ser essenziellen Qualität kommen können?

Wir haben hierfür zwei wesentliche Werkzeuge: die Erfahrung der Präsenz und die Arbeit der Selbsterforschung. Die
Präsenz ist unabdingbarer Ausgangspunkt für die Selbsterforschung. Daher beginnen wir in unserer Arbeit meist mit
einer Meditation und zentrieren uns dabei im Hara, denn
im Bauchbereich ist das Zentrum unserer Kraft. Je präsenter
wir in unserem Hara sind, umso stärker ist unsere Erfahrung der Präsenz. Wir lernen, uns in unserem Körper zu
verankern und mit ihm in Kontakt zu bleiben. Verbundenheit und das Gewahrsein des Körpers sind außerordentlich
wichtig. Damit Veränderung geschehen kann, müssen wir
in Beziehung zu uns selbst sein und uns selbst spüren.

Um in Kontakt mit unserer wahren Stärke zu kommen,
ist es häufig am einfachsten, als Ausgangspunkt mit unserer
Wut zu arbeiten. Wenn du mit der Energie der Wut in Berührung kommst, spürst du, dass Wut eine Energie ist, die
sich ausdehnen will. Doch während sie sich auszudehnen
beginnt, spürst du früher oder später eine Barriere, von der
diese Energie eingegrenzt wird. Diese Barriere stellt sich
meist als unser inneres Kind heraus, das sich davor fürchtet, seine Wut zu zeigen. Wenn du diese Begrenzung erforschst, zeigt sie sich als eine Identifikation, als eine Idee
oder ein Glaubenssatz – die Identifizierung mit dem guten
Kind etwa, das immer brav und nett sein musste. Dieses
Verbot, seine Wut auszudrücken, ist eine Einschränkung
deines Bewusstseins. Wenn du nun als Erwachsene diese
Identifizierung erforschst, wirst du vielleicht feststellen,
dass dieses Kind fürchtet, nicht mehr geliebt zu werden,

wenn es seine Wut zeigt. Du wirst als Erwachsene jedoch auch erkennen, dass du nicht mehr das Kind bist, das den Liebesentzug seiner Eltern fürchten muss. Wenn wir diese Arbeit bewusst tun, dann durchschauen wir also nicht nur unsere alten Konditionierungen, sondern sind zugleich auch in der Lage, unsere Präsenz im Jetzt zu erfahren. Indem wir der Wut die Möglichkeit geben, sich zu zeigen, und damit auch unsere Hilflosigkeit und Schwäche zulassen, öffnen wir uns in einen weiten Raum hinein, in dem sich unsere wahre Natur enthüllen kann. Dort, wo zuvor noch ein furchtsames Kind war, das sich von seiner wahren Natur abgetrennt fühlte, kommen wir in Kontakt mit unserer wahren Stärke.

Der nächste Schritt besteht dann immer darin, das, was wir erkannt und erfahren haben, im täglichen Leben umzusetzen. Wenn wir also mit der Qualität der Stärke in Kontakt kamen, üben wir uns fortan darin, unsere Wut wahrzunehmen, ohne sie an anderen Menschen auszuagieren. Das erfordert ein größtmögliches Maß an Präsenz und Achtsamkeit, um in unserem Alltag das zu leben, was wir erfahren haben. Unser Alltag ist die eigentliche Herausforderung – hier muss sich bewähren, was wir erfahren haben.

Was bedeutet diese innere Arbeit für unser Wirken in der Welt und für unsere Aufgaben im Alltag?

Wir alle haben in dieser Welt verschiedene Aufgaben zu erledigen. Doch egal, was wir tun, letztlich kommt es darauf an, wie präsent wir unsere Aufgabe erfüllen. Es geht darum, im täglichen Leben präsent zu sein und jeder Situation mit Achtsamkeit zu begegnen. Jemand arbeitet vielleicht in einer Wäscherei, und in der Art und Weise, wie diese Person die Wäsche faltet und den Kunden begegnet, nimmt sie Einfluss auf das Ganze. Ein anderer Mensch geht den Weg des Erwachens und durch sein Erwachen bringt er mehr Licht in die Welt, denn wir sind alle miteinander verbunden. Auch wenn er für den Rest seines Lebens nichts anderes tut, als in einer Höhle in Tibet zu sitzen und zu meditieren, wirkt er auf das Ganze ein. Ein anderer wiederum sieht seine Aufgabe darin, nach dem Erwachen Menschen zu unterweisen. Unsere Aufgaben sind so verschieden wie wir Menschen. Wenn wir ganz aufmerksam und wach sind, dann führt uns die Intelligenz unseres Bewusstseins zu unserer Bestimmung. Das mag für manche Menschen bedeuten, ein kontemplatives Leben zu führen, für andere mag es bedeuten, für den Frieden zu demonstrieren, für wieder andere, auf den Straßen New Yorks Street-Zen zu praktizieren, wie Glassman Roshi dies tut. Wir alle haben unsere wahre Aufgabe zu finden. Ich vertraue dabei auf das individuelle Erwachen eines jeden Menschen.

Die Verbindung von Spiritualität und Psychologie, die von der Ridhwan-Schule angewendet wird, ist ja eine relativ neue westliche Erfindung. Weshalb reicht es in unserer Zeit nicht mehr aus, auf dem Kissen zu sitzen und sich auf diese Weise der Transformation zur Verfügung zu stellen?

Es gibt natürlich Menschen, für die die traditionellen spirituellen Wege richtig und stimmig sind – mein Mann Paul, der selbst Zen-Lehrer ist, zählt zu diesen. Die Transformation kann sich ebenso auf dem Kissen vollziehen. Doch für viele Menschen ist es in der heutigen Zeit sehr hilfreich, die Psychologie mit einzubeziehen, da unsere Zivilisation so unglaublich komplex geworden ist. Unsere Ego-Struktur ist deshalb eine andere, als sie noch zu Buddhas Zeiten war. Und unsere Umwelt stellt uns vor ganz neue Herausforderungen. Auch die Versuchungen sind in der westlichen Welt viel massiver geworden. Das mussten auch viele spirituelle Lehrer erfahren, die aus dem Osten zu uns kamen. Ihr zurückgezogenes Leben in den Klöstern war bis dahin sehr strukturiert und einfach gewesen. Das ermöglichte ihnen einen Zugang zur Transzendenz, ohne dass sie dabei viel an ihrer Persönlichkeit arbeiten mussten. Doch als sie in den Westen kamen, waren sie plötzlich von all diesen Versuchungen umgeben. Und all das, womit sie sich bis dahin nicht auseinandergesetzt hatten, kam dadurch zum Vorschein. Das zeigt uns deutlich, dass Menschen auch nach tiefen spirituellen Erfahrungen an ihrer Persönlichkeit arbeiten müssen, denn wenn sie dies nicht tun, kommt all das Verdrängte mit Macht zurück und fordert sein Recht ein, gesehen und verstanden zu werden.

Unsere gesamte Kultur suggeriert uns unablässig, dass wir Befriedigung im Außen finden könnten. »Kaufe mein Produkt und du wirst glücklich«, wird uns von allen Seiten eingeredet. Deswegen hat unser Ego die Tendenz, sein Glück im Außen zu suchen. Wir versuchen, unseren Mangel und unsere Bedürftigkeit auf diese Weise zu füllen, doch es funktioniert nicht. Es führt dazu, dass Menschen sich mit ihrem Besitz identifizieren und dass sie beim Verlust ihres Besitzes gleichsam ihre Identität verlieren. Das erleben wir häufig in den USA, wenn Menschen durch Feuer oder Erdbeben ihre Häuser verlieren. Wir hier im Westen haben vergessen, dass unsere tiefsten Bedürfnisse in unserem Inneren Erfüllung finden. Und wir haben es auch deshalb vergessen, weil wir meist als Erstes auf Verletzungen und Schmerzen treffen, sobald wir nach innen blicken. Und so kommen wir zu dem Schluss, dass es hier keine Befriedigung geben kann. Es braucht daher gute Übungswege und verständnisvolle Lehrer und Lehrerinnen, die Menschen durch diese schwierige Zeit begleiten. Es ist sehr schwer, dies allein durchzustehen. Die Methode des »diamantenen Weges« führt uns durch den Schmerz hindurch zur Erfahrung unserer wahren Natur. Diese Erfahrung ist eine freudvolle Offenbarung. Und sie ist es, die uns heilt und wandelt.

Sind Heilung und Wandlung das letztendliche Ziel dieses Weges?

Es geht auf dem Weg darum, die Wirklichkeit zu erfahren und unser volles Potenzial als Mensch zu entwickeln. Das Potenzial der menschlichen Erfahrung ist unbegrenzt, doch wir schöpfen dieses bei Weitem nicht aus, sondern verharren meist in unseren Begrenzungen. Das Ziel der spirituellen Wege ist es, das volle Potenzial des Menschseins freizusetzen und uns ein erfülltes Leben zu schenken. Dafür üben wir. Was den »diamantenen Weg des Herzens« von traditionellen spirituellen Schulen unterscheidet, ist, dass wir hierfür bewusst mit emotionalem Widerstand ebenso wie mit dem Begehren arbeiten. Für die meisten traditionellen Wege ist das Begehren die Wurzel allen menschlichen Leidens, und sie haben verschiedene Methoden gefunden, dieses loszuwerden. Die Ridhwan-Schule hat hier eine etwas andere Sicht und Vorgehensweise. Wir erforschen, was unser Begehren uns lehren kann. Wir fragen danach, weshalb Menschen glauben, sie könnten ihr Begehren nur im Außen erfüllen. Wir fragen danach, was all die Menschen wirklich suchen, wenn sie nach Geld und

Erfolg streben. Weshalb glauben sie, selbst die Liebe nur im Außen finden zu können?

Wenn wir uns ernsthaft mit diesen Fragen auseinandersetzen, werden wir feststellen, dass wir so unzufrieden sind, weil wir von etwas Essenziellem getrennt sind – wir sind von unserer wahren Natur getrennt. Und wir erkennen, dass wir außerhalb von uns selbst suchen, um so die Leere in unserem Inneren zu füllen. Doch die Erfahrung lehrt, dass alles im Außen Erlangte uns nicht zufriedenstellen wird, solange wir nicht zur Fülle unseres Selbst im Innen gelangen.

Wie können wir mit unserem Begehren so umgehen und arbeiten, dass es uns den Weg zu unserer wahren Natur weist?

Der erste Schritt ist, das Begehren zuzulassen, um dadurch zu erkennen, wovon wir getrennt sind. Nehmen wir einmal an, unser Begehren ist es, von Menschen geliebt zu werden. Wenn wir dieses Begehren zulassen und es untersuchen, kommen wir möglicherweise in Kontakt mit dem darunter verborgenen Gefühl, dass wir es gar nicht wert seien, geliebt zu werden. Deshalb ersehnen wir es ja so sehr, geliebt zu werden, und tun alles Menschenmögliche, um uns diese Liebe zu verdienen. Wir haben also ein Selbstbild entwickelt, das uns von der Liebe trennt. Unsere Arbeit der Selbsterforschung beginnt nun damit, uns dieser Trennung bewusst zu werden und in dieser präsent zu sein. Wir fragen uns: »Wie fühlt es sich an, ungeliebt zu sein?« Es wird wahrscheinlich eine große Traurigkeit in uns entstehen. Wer sich diesem Gefühl des Ungeliebtseins stellt, kommt in Kontakt mit einer inneren Leere, die sich wie ein Mangel anfühlt. Wenn wir dann den Mut haben, in diese Leere hineinzugehen und sie auszuhalten, werden wir die Erfahrung machen, dass sich unsere Persönlichkeit öffnet, dass die Enge aufbricht und wir uns in den Grund unseres Seins hinein weiten – und dort erfahren wir Liebe, nichts als Liebe, grenzenlose Liebe. Wir sind nicht mehr getrennt, denn nun erfahren wir uns selbst als Liebe.

Unser Lebensweg wird von der Ridhwan-Schule mit schönen und poetischen Worten als die »innere Reise der Seele nach Hause« beschrieben. Werden wir also am Ende unserer Lebensreise das sein, was wir ursprünglich bereits sind?

Wir alle haben zwar von Anfang an essenzielle Natur, doch auf unserem Lebensweg erlangt jeder von uns seine persönliche Essenz. Wir werden nicht einfach zu dem, was wir bereits sind. Denn dazwischen liegt ein ganzes gelebtes Leben. Unsere Lebenserfahrungen machen uns zu dem, was wir heute sind. Schau doch nur auf all deine Zeit hier mit Willigis. Das ist immense Lebenserfahrung, die du gewinnst. Das macht deine eigene Entwicklung und deinen Reifungsprozess als Mensch einzigartig und individuell. Oder schau dir Willigis an – sein Reifungsprozess ist durch seine vielen Lebensjahre als christlicher Mönch, seine Schulung im japanischen Zen und den Aufbau dieses Zentrums hier geprägt. All diese Erfahrungen machen ihn zu dem, was er heute ist. Es geht auf unserem Weg also nicht allein um die Realisierung unserer wahren Natur – denn dann wären wir alle gleich, und das sind wir eben nicht –, es geht ebenso um unseren individuellen Reifungsprozess in den Herausforderungen des täglichen Lebens. Es geht darum, ehrlich mit sich selbst zu sein und authentisch in seinen Beziehungen. Es geht darum, jeden Augenblick offen und neugierig zu bleiben für dieses faszinierende Mysterium, das wir Menschen sind. Wenn uns dies gelingt, dann werden wir unseren Lebensweg als freudvoll und erfüllt erleben. Dies ist eine lebenslange Reise, der ich mit ganzem Herzen verpflichtet bin und die ich zutiefst liebe.

Dein Workshop im nächsten Jahr trägt den schönen und verheißungsvollen Titel »Das Geheimnis der Transformation«. Magst du mir zum Abschluss noch etwas von diesem Geheimnis enthüllen?

Hameed sagte vor kurzem etwas, das mir hierfür als sehr wichtig erscheint: Es gibt keine nachhaltige Veränderung, solange keine Änderung des Selbstbildes eingetreten ist. Damit brachte er etwas Grundlegendes zum Ausdruck, das wir auf dem spirituellen Weg immer wieder feststellen: Ein Mensch kann tiefe spirituelle Erfahrungen machen, doch solange sein Selbstbild davon nicht betroffen ist, wird es zu keiner anhaltenden Veränderung kommen und die Prägungen seiner Persönlichkeit werden ihn weiter dominieren. Ein dauerhafter Wandel beinhaltet den Wandel des Selbstbildes. Mit anderen Worten: Wahre Transformation geschieht dann, wenn unser Selbstbild durch wahre Natur ersetzt wird. Wenn sich unsere wahre Natur enthüllt, weist sie uns den Weg nach Hause. Unsere wahre Natur verwandelt uns. Was wir tun können, ist, uns dieser Verwandlung vertrauensvoll zur Verfügung zu stellen. Und wissen, dass alle Transformation letztlich Gnade ist.

Der Weg führt durch
das **Feuer der Liebe**

© Janne Peters

Annette Kaiser

In das Herz eines jeden Menschen, so sagen die Sufis, hat Gott in seinem Schöpfungsakt einen göttlichen Funken gelegt. Diesen göttlichen Funken zu finden, ihn zu entfachen und zum Brennen zu bringen, sodass er den ganzen Menschen mit seinem Feuer erfasst, bis dieser völlig in Liebe versinkt und sein Wesen aufgeht in göttlicher Liebe – darin erblicken die Sufis die wahre Lebensaufgabe eines jeden Menschen.

Der spirituelle Weg der Sufis ist ein Weg der Liebe und des Herzens. »Ich folge der Stimme des Herzens«, sagt die Sufi-Lehrerin Annette Kaiser über sich selbst. Die leidenschaftliche Suche des Herzens führt den Menschen durch alle Höhen und Tiefen des Seins, sie mündet in beglückende Zeiten der Einheit mit dem Göttlichen und wirft ihn erneut heraus in schmerzvolle Zeiten der Trennung und Gottesferne. Diese Suche währt ein Leben lang und sie ist nie zu Ende. Doch wer einmal von der Liebe gekostet hat, ist ein Wissender, und sein Weg führt ihn unweigerlich immer tiefer in das Zentrum der Liebe. Davon ist Annette Kaiser überzeugt, und davon legte sie in ihrem autobiografischen Buch »Der Weg hat keinen Namen« eindrucksvoll Zeugnis ab.

Annette Kaiser geht den spirituellen Weg seit vielen Jahren. Sie war 17 Jahre lang Schülerin von Irina Tweedie, der bekannten englisch-russischen Sufi-Lehrerin, die als erste westliche Frau den Sufismus lehrte und ihn für westliche Menschen und insbesondere auch westliche Frauen zugänglich machte. Von ihr erhielt Annette Kaiser 1998 die Autorisierung, Menschen auf dem spirituellen Pfad zu begleiten und die Sufi-Linie der Naqshbandi weiterzuführen. Dieser Sufi-Orden entstand im 14. Jahrhundert in Indien und zeichnet sich neben seiner spirituellen Ausrichtung auf den Alltag vor allem durch seine universelle Toleranz und transreligiöse Ausrichtung aus.

Der Sufismus, so wird überliefert, ist die Weisheit des Herzens, die so alt ist wie die Menschheit selbst. Diese Weisheit war immer schon und wird immer sein, sagen die Sufis. Damit trägt diese uralte Weisheitslehre bereits von Anfang an die Essenz aller Religionen in sich und übersteigt diese zugleich. Menschen aller Couleur erhalten dadurch die Möglichkeit, einen spirituellen Weg zu gehen, ohne sich deshalb einer Glaubensrichtung oder Religion zuordnen zu müssen. So bezeichnete Irina Tweedie sich selbst als Atheistin, ihr Lehrer Bhai Sahib war Hindu und dessen Lehrer wiederum Moslem. Der Sufi-Weg ist keine Religion, er ist eine Lebensweise, ein innerer Weg der Selbsterkenntnis, der in den Alltag mündet und dessen Erkenntnisse in diesen integriert werden müssen. In seiner Toleranz und Offenheit übt er eine große Faszination auf westliche Sinnsuchende aus, die sich auf ihrem Weg in die unmittelbare Erfahrung des Göttlichen zunehmend unabhängig machen von Institutionen und Glaubensgebäuden.

Annette Kaisers eigener Weg führte sie vom Katholizismus über den Buddhismus hin zum Sufismus. In seiner toleranten Grundhaltung ist ihr der Sufismus Garant für eine transkonfessionelle und integrale Spiritualität. Deren Entwicklung und Gestaltung ist das erklärte Anliegen von Annette Kaiser. Nicht umsonst lautet der Titel ihres zweiten Buches »Jenseits aller Pfade – Visionen einer neuen Spiritualität«. Hier macht sich eine Frau mutig und selbstbewusst auf, die ausgetretenen Pfade der Religionen zu verlassen und nach neuen Wegen Ausschau zu halten – im Gepäck die Weisheit des Herzens und die Vision einer weltoffenen Spiritualität. Jenseits von Institution und Doktrin sucht sie nach zeitgemäßen Ausdrucksformen von Religiosität für den Menschen des 21. Jahrhunderts.

In ihren Kursen und Vorträgen führt sie Menschen in die Grundlagen einer integralen Spiritualität ein. Viele ihrer Kurse finden an dem von ihr geleiteten Seminarhaus, der Villa Unspunnen, in den Schweizer Bergen statt. In dieser einzigartigen Landschaft haben die Menschen die Möglichkeit, in sich zu gehen und die Stille im Inneren zu erfahren. Neben der Tätigkeit in ihrem eigenen Seminarhaus gibt sie Kurse und hält Vorträge an vielen anderen Orten. Sie fördert engagiert den Dialog zwischen den verschiedenen mystischen Wegen und steht in regem Austausch mit

Vertretern und Vertreterinnen aus Wissenschaft, Wirtschaft und Politik. Ihrer Überzeugung zufolge bedarf es des Zusammenwirkens und der Bündelung aller spirituellen und gesellschaftlichen Kräfte, um die Menschheit auf eine neue Stufe des evolutionären Bewusstseins einzuschwingen. Der spirituelle Weg ist für sie daher kein individueller Heilsweg, sondern gelebte Weltverantwortung, und er beinhaltet die Verpflichtung, die Erfahrung der Liebe in der Welt zu manifestieren.

Es ist die Liebesbotschaft dieses spirituellen Weges, von der sich viele Menschen angesprochen fühlen. Das Herz des Menschen wird zum Ort der Begegnung und Vereinigung mit dem Göttlichen. Wie sehr dies Menschen zu verändern vermag, erlebe ich immer, wenn Annette Kaiser einen Kurs am Benediktushof hält. Es ist berührend zu sehen, wie im Verlauf der Tage die Gesichter weicher und die Bewegungen sanfter werden. Wer jedoch glaubt, dies sei ein einfacher Weg, täuscht sich, denn dieser Weg fordert die Reinigung und Läuterung des Herzens und konfrontiert den Menschen mit sich selbst. Nicht umsonst warnt der Sufi Hafies: »Der Rang der Liebe ist ohne das Leid nicht zu erwerben.« Doch alle Sufi-Mystiker wissen auch: Wer einmal vom Geschmack der Liebe gekostet hat, ist bereits trunken von Gott und in Sehnsucht entflammt. Nichts kann diesen Menschen mehr davon abhalten, der Liebe zu folgen. Und so singt der gottestrunkene Mystiker Rumi: »Für die Liebe opfere ich mein Leben, nie werde ich aufhören zu lieben.«

Annette Kaiser ist zweifelsohne eine beeindruckende Frau. Sie gehört zu den Menschen, auf die sich die Augen der Anwesenden fast zwangsläufig richten, wenn sie einen Raum betritt. Eine natürliche Würde umgibt sie und verleiht ihren Bewegungen und Handlungen eine unmittelbare Präsenz. Und dann ist da der plötzlich aufblitzende Schalk in ihren Augen und ihr wunderbares Lachen.

In dem folgenden Gespräch sagt sie von sich selbst: »Ich habe nur ein Interesse: wahrhaftig zu sein.« Den Weg der Liebe in Wahrhaftigkeit gehen – das ist die Botschaft der Sufis und das ist die Botschaft von Annette Kaiser.

📖 Buchempfehlungen

Annette Kaiser: *Der Weg hat keinen Namen,* Berlin: Theseus Verlag, 2002
- *Jenseits aller Pfade – Visionen einer neuen Spiritualität,* Berlin: Theseus Verlag, 2004
- *Das Manifest der Liebe,* Berlin: Theseus Verlag, 2006

Kontakt
www.villaunspunnen.ch

Gespräch mit Annette Kaiser

im August 2007 am Benediktushof

Annette, du bist eine der wenigen Sufi-Lehrerinnen des Westens. Es interessiert mich als Frau natürlich ganz besonders, wie dich dein Weg dahin geführt hat. Könntest du zu Beginn einige wichtige Etappen deines Lebens beschreiben?

Einer der entscheidenden Einschnitte in meinem Leben war, als ich mit 14 Jahren in ein Kloster nach Frankreich ging. Dort habe ich erstmals ein spirituelles Leben kennengelernt. Die Hingabe der Nonnen hat mich damals sehr berührt. Und ihre Gesänge haben mich bis ins Mark erschüttert. Dabei hat sich etwas in mir geöffnet, und ich begann zu fragen: Was ist das Göttliche wirklich? Ich habe in dieser Zeit viele Texte von Mystikerinnen gelesen. Besonders beeindruckt haben mich die Gedichte von Therese von Lisieux, in denen sie von Jesus als ihrem Geliebten spricht. Heute weiß ich, dass ich in diesem Kloster meine erste spirituelle Schulung erhielt. Ich lernte, meinen Geist zu sammeln. Und ich habe mich erstmals ernsthaft gefragt, was es heißt, das Leben dem Göttlichen zu weihen. Ich stellte dann zwar bald fest, dass das klösterliche Leben nicht mein Weg ist, doch es war eine wichtige Station für mich.

Dann habe ich Abitur gemacht und studiert und habe auf der wissenschaftlichen Ebene begonnen zu erforschen, was Wirklichkeit ist. Zu dieser Zeit bin ich viel durch Lateinamerika gereist und sah die Ausbeutung der Menschen dort, vor allem der Indios. Und ich wollte herausfinden, was die Ursache für all die Ungerechtigkeit ist und welcher Ansatz die Welt verändern könnte. Ich habe mich intensiv mit Marx, Hegel und den Theorien von Habermas beschäftigt. Als ich dann Ende der 60er-Jahre mit der Frauenbewegung in Berührung kam, stellte ich fest, dass das Thema Frau in den Schriften von Marx so gut wie gar nicht vorkam. Und es fehlte mir auch der mystische Bereich, der im historisch materialistischen Verständnis komplett ausgeschlossen war. Das konnte mich auf meiner Suche nach der Wirklichkeit nicht zufriedenstellen. Dann kamen noch meine eigenen persönlichen Schwierigkeiten hinzu, mein persönliches Leiden, auf das mir diese Theorien keine Antwort gaben. Ich litt zum Beispiel sehr unter Eifersucht und kriegte diese einfach nicht weg.

Und dabei war doch so etwas Besitzergreifendes wie Eifersucht in der antibürgerlichen 68er-Bewegung verpönt. Hier galt ja die freie Liebe als Ideal.

Ja, theoretisch schon, und wir haben das auch alles ausprobiert. Doch diese Ideale waren letztlich nicht im Leben integriert. Wir haben unser Leid kompensiert oder einfach weggesteckt. Aber ich wusste trotzdem, dass ich leide. Ich begann dann, öfter ein tibetisches Kloster in der Schweiz aufzusuchen. Dort hörte ich von den Geistesgiften, die in Weisheitsaspekte umgewandelt werden können. Das interessierte mich sehr.

War es in dieser Zeit nicht sehr schwierig für politisch denkende Menschen, eine Verbindung zur Spiritualität herzustellen? Ich kenne diesen emotional sehr aufgeladenen Konflikt selbst noch aus den 80er-Jahren, in denen die politisch Aktiven den Spiritu-

ellen vorwarfen – und teilweise ja auch zu Recht –, dass sie sich
nur um ihr eigenes Heil und nicht um die Welt kümmerten.

Das war auch wirklich schwierig. Ich war damals politisch sehr engagiert, vor allem in der Dritte-Welt-Arbeit. Ich war viel in Afrika und Lateinamerika unterwegs und habe dort gesehen, dass sozialistische Ideen, die im Grunde richtig sind, letztlich nur die Strukturen verändern, nicht jedoch die Menschen. Die Ausbeutung hört deshalb nicht auf. Eine Nachhaltigkeit ist nicht gewährleistet, solange der Mensch selbst sich nicht ändert. Eine äußere Revolution allein reicht nicht, die Revolution muss auch im Inneren des Menschen stattfinden. Und so kam ich zu der Einsicht, dass ich bei mir selbst anfangen muss, dass ich selbst mich wandeln muss. Ich begann daher mit Meditation und Yoga. Als ich später Präsidentin der TAIS (Transpersonal Association in Switzerland) wurde, konnte ich spirituelle Lehrer und Lehrerinnen aus der ganzen Welt zu Vorträgen und Seminaren einladen. Doch ich musste feststellen, dass von ihnen niemand so recht meinem eigenen inneren Bild von einem Lehrer entsprach.

Wie hast du dann deine Lehrerin Frau Tweedie und den Weg des Sufismus kennengelernt?

Ich wusste zu dieser Zeit noch gar nichts über den Sufismus. Mir fiel damals zufällig das Buch »Phönix aus der Asche« von Irina Tweedie in die Hand. Und die Radikalität darin hat mich angesprochen, diese erbarmungslos erbarmungsvolle Weise, den Dingen auf den Grund zu gehen. Frau Tweedie lebte, was sie sagte. Sie strahlte eine Stille, Kraft und Liebe aus, die außergewöhnlich war. Das hat mein Innerstes bewegt, ja, genau so. Ich sehnte mich danach, ganz Mensch zu sein. Ich wollte den Weg durch das Feuer gehen, ich wollte verbrannt werden.

Ist der Weg durch das Feuer kennzeichnend für deinen Weg?

Ja, denn er hat mit einer Leidenschaft für die Wahrheit zu tun, und er führt durch das Feuer der Liebe. Es ist der Weg des Phönix aus der Asche, der die gebundene Kraft der Materie durch das Feuer des Bewusstseins transzendiert.

Was wird dabei verbrannt?

Unser kleines Ich. Unsere Identifikation mit Form, mit Rollen, mit unseren Anhaftungen. Es ist ein Brennen in der Liebe, worin das kleine Ich im großen Ich aufgeht.

Mehr als jeder andere mir bekannte spirituelle Weg arbeitet der Sufismus bewusst mit dem Herzen und mit der Herzensöffnung. Nun ist gerade das Herz bei uns Menschen auch der Ort der größten Verletzungen und daher auch der Sitz von Blockaden und Widerständen.

Wir arbeiten traditionell mit dem Herzchakra. Als Fahrzeug steht uns die Dhyana-Meditation zur Verfügung, ein Versinken in dem Gefühl der Liebe. Diese Methode ist bewusstseinsentleerend. Als zweites Instrument, das bewusstseinssammelnd ist, verwenden wir ein Mantra, das Nichts-Alles bedeutet. Unser Leben ist ein Oszillieren zwischen Allem und Nichts. In der Übung legen wir das Wort lautlos über den Atem und lauschen seinem Klang. Im Kreislauf unseres Atems gibt es zwischen dem Ein- und Ausatmen einen Zwischenatemraum und hier, so sagen wir, vermag die Seele für den Bruchteil einer Sekunde eins zu werden mit dem Göttlichen. Dieses Mantra wird innerlich unablässig praktiziert. Nach einigen Monaten ist es so internalisiert, dass es einfach lautlos immer mitschwingt. Während ich jetzt mit dir rede und während allem, was ich tue, ist ein Teil von mir in diesem Mantra absorbiert. Es ist ein goldener Faden, der mich mit dem Jetzt verbindet und der mich sofort spüren lässt, wenn ich nicht präsent bin. Dieses Mantra tritt im Laufe der Jahre immer mehr in den Hintergrund und ermöglicht ein waches, einfaches Dasein.

Neben der Meditation und dem Mantra-Sagen ist ja auch die Traumarbeit ein wichtiger Pfeiler des Weges. Kannst du einiges zur Bedeutung der Traumarbeit sagen?

Alle Menschen träumen, und man weiß heute, dass der Mensch stirbt, wenn ihm die Träume abgeschnitten werden. Träume sind etwas ganz Essenzielles. Wir finden die Traumdeutung in allen spirituellen Traditionen. Sie war auch immer schon ein Bestandteil im Sufismus, doch noch nicht in dem Ausmaße, wie wir sie heute praktizieren. Als Frau Tweedie unsere Sufi-Linie in den Westen brachte, verband sie diese gezielt mit der neuen Psychologie und deren Erforschung des Unbewussten. Daraus entstand die spirituelle Traumarbeit. Die Traumarbeit ist ein hervorragendes Instrument, sich selbst besser kennenzulernen. Jeder Mensch hat eine einzigartige Traumsprache, und über diese kann man die innere Entwicklung des Menschen erkennen. Alles, was wir träumen, steht in Resonanz zu uns, es sind Aspekte von uns, und wenn wir uns diese Träume genauer anschauen, beginnt ein innerer Prozess der Bewusstseinserweiterung. In unseren Träumen erleben wir allmählich, dass die ganze Welt in uns ist. Wir bekommen einen Geschmack von allem, einen Herzensbezug zu allen Licht- und Schattenfiguren in uns selbst und in der Welt. Wenn ich all diesen Aspekten in mir in Liebe begegne, kann ich sie in meinem täglichen Leben verstehen und annehmen, Helles wie Dunkles. Die Traumarbeit bewahrt uns davor, unsere Schattenseiten auszublenden. Sie wird damit zur Versöhnungsarbeit, zur *conjunctio oppositorum*, zur Umarmung der Gegensätze.

Siehst du Träume als Wegweiser? Können sie uns den Weg in die Veränderung weisen?

Es gibt Träume auf ganz unterschiedlichen Ebenen. Es gibt archetypische, visionäre, kompensatorische, prophetische Träume. Ich habe immer wieder Träume, die für mich wegweisend sind. Eine Zeit lang hatte ich prophetische Träume, die dann aber wieder aufhörten. Doch gleichzeitig müssen wir wissen: Träume sind Schäume. Ebenso wie diese Welt auch, die in einer bestimmten Betrachtungsweise gar nicht existiert. So auch die Träume. Wir kreieren die Welt selbst. Heute ist es so, dass ich einfach wach bin. So bekomme ich Hinweise von überall her, von innen und außen, von Menschen, von Träumen. Alles sind Spiegelbilder auf einem Spiegel, der selbst leer ist. Diese innere Arbeit lässt uns alle Aspekte der Welt in uns erfahren, und wir gelangen allmählich dahin, in uns selbst die ganze Welt in Liebe und Mitgefühl zu erfahren als den großen Tanz des Lebens.

Die Arbeit mit dem Schatten ist ein wichtiger Teil des spirituellen Weges. Die Sufis sprechen davon, dass der Schatten zum

Freund wird. Das klingt gut, doch was ist, wenn der eigene Schatten anderen Menschen Leid zufügt? Wie können wir ihn annehmen, lieben und zugleich transformieren?

Leid erzeugen wir immer aus Unwissenheit oder aus einem verwirrten Geist heraus. Wenn wir wirklich wach sind, verringert sich das Ausmaß dessen, was wir anderen und uns selbst an Leid zufügen. Wenn wir tiefe spirituelle Erfahrungen machen, dann erleben wir mehr und mehr, dass das Du und das Ich nicht getrennt sind. Daraus ergibt sich eine andere Lebensweise. Je tiefer diese Erfahrung ist, desto mehr wandelt sie den Menschen von einem Ich-Wesen hin zu einem All-Wesen. Doch meistens braucht es Zeit, bis sich die Transformation des Herzens ganz vollziehen kann und alle Anteile des Menschen in dieser Wandlung integriert sind. Es braucht eine sehr tief greifende Einheitserfahrung, bis der ganze Mensch so gewandelt ist, dass er kein Leid mehr verursacht.

Doch auch spirituelle Lehrerinnen und Lehrer verursachen weiterhin Leid bei anderen Menschen. Für mich stellt es sich nicht generell so dar, dass die Einheitserfahrung den Menschen im emotionalen Bereich grundlegend verändert und transformiert. Bleiben die Kerneigenschaften dem Menschen nicht auch nach der Erfahrung erhalten?

Natürlich bleibt die einzigartige Alchemie des Menschen bestehen. Wir sind Teil des Ganzen und das Ganze zugleich. Auf der einen Seite sind wir vollkommen, auf der anderen Seite nicht. Es ist ein lebenslanger Prozess, den Diamant zu schleifen. Daher ist es durchaus möglich, dass auch spirituelle Lehrer und Lehrerinnen manchmal Leid verursachen.

Doch das ist ein sehr heikles Feld. Ich kann letztlich nicht über die anderen reden, sondern nur bei mir selbst schauen. Für mich ist dieser Prozess ein lebenslanger Lernprozess, in dem ich selbst immer Schülerin bleibe und mir den Anfängergeist erhalten möchte. Es geht darum, immer wach zu sein, ganz wach, und dadurch zu erkennen, was ist und wo allenfalls ein Schatten, ein blinder Fleck ist, der Leiden verursachen könnte. Es geschieht sicherlich, dass auch ich Leid verursache.

Was ist der Spiegel für spirituelle Lehrer und Lehrerinnen? Wer korrigiert und reflektiert sie?

Das wichtigste Korrektiv ist die Wahrhaftigkeit. Ich habe nur ein Interesse: wahrhaftig zu sein. Um dadurch weiter zu wachsen. Ich bin Schülerin des Lebens. Das ist mein Selbstverständnis. Ich identifiziere mich nicht mit der Rolle der Lehrerin. Alles, was gegeben ist, kann auch wieder genommen werden. Mich interessiert brennend, wie sich Geist bewusst in Materie zu manifestieren vermag als Ausdruck der Liebe. Dies erforsche ich, in mir und mit anderen Menschen. Das ist ein lebenslanger Prozess. Ich bitte auch meine nähere Umgebung immer, mich zu spiegeln und Rückmeldung zu geben, wenn etwas nicht in Ordnung ist. Ich bin einfach interessiert daran zu lernen, und ich glaube, das ist das Wichtigste. Ein offener Geist ist dabei entscheidend. Da ist nicht wirklich jemand. Und weil niemand da ist, ist jeder Augenblick neu.

Erzähl mir von deiner eigenen Lehrerin, von Frau Tweedie. Deine Beziehung zu ihr war ja eine Prüfung auf allen Lebensebenen. War dieser Prozess für die Reinigung des Herzens not-

wendig? Was haben dich diese teilweise auch extremen Prü-
fungen gelehrt?

Frau Tweedie war für mich jemand, die kein persönliches
Interesse an mir hatte. Ihre Funktion war es, reiner Spiegel
zu sein. Und das hat bei mir funktioniert, denn ich war
daran interessiert, gespiegelt und mit mir selbst in den
tiefsten Tiefen konfrontiert zu werden. Ihre Präsenz hat den
Prozess beschleunigt, die innere Dynamik zu erkennen.
Menschen, mit denen wir im Alltag zu tun haben, sind oft
kein klarer Spiegel, weil persönliche Muster die Spiegel-
oberfläche trüben, wodurch das Spiegelbild verzerrt wird.
Wenn jedoch jemand mit seinen Spiegelungen vertraut ist
und den leeren Spiegel kennt, kann er andern als Spiegel
hilfreich sein. Und ich war interessiert an so einem Spiegel.
Ich wollte wissen, wer ich bin, und habe daher den Sprung
gewagt, mich mit mir zu konfrontieren. Ich hatte eine Höl-
lenangst vor mir selbst, vor meinem Dunklen, vor meinem
Schatten. Frau Tweedie hatte nur das eine Interesse: dass
der Mensch aufgeht in der großen Liebe. Und diese Motivation muss ganz rein sein. Sie war und ist für mich ein Tor.
Das Tor in die andere Dimension, und dafür bin ich ewig
dankbar.

Frau Tweedie forderte ihre Schülerinnen und Schüler auf, ihrem
eigenen Licht zu folgen. Und wie ich von dir weiß, hat sie gerne
die Worte von Augustinus zitiert: »Liebe und tu, was du willst.«
Sie hatte offensichtlich großes Vertrauen in die Eigenverantwor-
tung des Menschen.

In dieser Liebe, in dieser Erfahrung der Liebe sind das Du
– und damit ist die ganze Welt, ja das ganze Universum

gemeint – und das Ich nicht zwei. Du erfährst dich als nicht getrennt von allem anderen. Diese Liebe will sich ausdrücken. Sie fließt einfach, es ist wie ein innerer Drang, die Liebe will sich manifestieren. Du kannst als Individuum nicht die ganze Welt erretten, doch was die Liebe aus dieser Form Mensch heraus manifestieren möchte, entspricht der eigenen inneren Alchemie, der eigenen inneren Begabung, der eigenen Aufgabe auf der Wesensebene. Und die ist für jeden Menschen einzigartig. Es geht darum, diese Verantwortung zu übernehmen, diesem eigenen Licht zu folgen und das zu leben, was dieses Licht einem sagt. Es ist kein moralisches Gebot von »du musst und du sollst«. Es ist freiwillig angenommene Verantwortung. Und du beginnst zu verstehen: Niemand gibt, niemand nimmt. Denn da ist niemand. Alles, was da fließt, hat letztlich mit deiner Person nichts zu tun. Der persönliche Anteil in diesem unpersönlichen Geschehen ist die eigene Alchemie in diesem Prozess, und die ist göttlich. So verstehe ich die Aufforderung »Liebe und tu, was du willst«. Das Göttliche ist für mich absolut frei. Das Göttliche ist das Hier und Jetzt, nirgendwo und überall zugleich. Im Hier und Jetzt ist absolute Freiheit. Aus dieser Freiheit heraus kommt vielleicht ein Impuls, und mit dem gehst du. Wenn wir damit aufhören, immer nur um die eigene Achse zu kreisen, um das eigene Ich, um die eigene Rolle, dann beginnt das Leben zu tanzen.

Führt diese Eigenverantwortung folgerichtig in die Verantwortung für die Welt?

Die Friedensarbeit in der Welt beginnt immer bei uns selbst, denn nur der innere Frieden kann den äußeren Frieden bewegen. Es geht darum, das komplementäre Verhältnis von aktiv und passiv zu verstehen, das heißt voll im Leben zu stehen und gleichzeitig Tun im Nicht-Tun zu verwirklichen. Wir gehen nicht in die Welt und helfen Menschen, um etwas zu erreichen. Wir tun, was zu tun ist, ohne zu tun. Das ist eine ganz feine Balance. Das bedeutet, dass wir dem empfangenden Prinzip, dem Yin-Prinzip, lauschen, was es will, und dann mit dem Yang-Prinzip in die Aktivität gehen. Dann sind alle Gaben in die Handlung integriert, ohne dass wir etwas für unser Tun erwarten.

Die kosmische Intelligenz, die dem bewussten Sein innewohnt, hat eine Brillanz jenseits unseres Denkens und sie synchronisiert und choreografiert das Ganze. Dann mag einer Musiker sein, die andere meditiert, der andere geht nach Afrika, jemand anderes engagiert sich politisch – wenn jeder Mensch aus dem Herzen, aus diesem All-Einen heraus lebt, dann schwingt sich die alltägliche Handlung aus sich selbst heraus auf eine höhere kosmische Ordnung. Wenn wir in die Natur blicken, dann sehen wir eine höhere Ordnung der Harmonie. Nur wir Menschen machen ein so furchtbares Durcheinander. Denn wir identifizieren uns zu sehr mit der Form und haben vergessen, dass wir beides sind, Form und Formloses. Durch Erkennen der eigentlichen Essenz wird es uns möglich, uns als Teil dieser brillanten Intelligenz zu verstehen und die kosmische Symphonie zum Klingen zu bringen. Unsere Kreativität ist ein ganz wichtiger Beitrag, um dieses Potenzial auszuschöpfen. Wir haben ungeahnte Möglichkeiten. Und dabei geht es um freiwillig angenommene Verantwortung, um Eigenverantwortung, um Selbstverantwortung im Sinne des höheren Selbst, denn darin sind alle anderen Wesen enthalten. Es geht darum, eine Lebensweise zu führen, die zum Wohle aller Wesen ist.

Die Schöpfung ist im Verständnis des Sufi-Weges ein Liebesakt Gottes mit den Menschen. Wie erklärst du dir, dass der Mensch immer wieder aus dieser Liebe herausfällt?

Da muss man vielleicht die Evolution als Erklärung hinzunehmen. Wir sind bereits seit längerer Zeit in einem evolutionären Bewusstwerdungsprozess, in einer Phase des kosmischen Ausatmens. Der Mensch selbst ist ein Übergangswesen. Eigentlich sind wir noch gar nicht richtig Mensch. Wenn wir genau hinschauen, dann sind wir instinktive, reaktive Wesen mit ein bisschen Bewusstsein und sind dem Tierreich noch sehr nahe. Der nächste Schritt der Evolution erfordert es, dass wir uns vom mentalen Bewusstsein in ein supramentales, kosmisches Bewusstsein hineinschwingen. Dies wird uns ein komplett neues Verständnis davon geben, was Menschsein als göttliches Wesen meint. Mit dem Menschen ist in der Evolution erstmals ein selbstreflektierendes Bewusstsein aufgetaucht, doch es identifiziert sich heute immer noch weitgehend mit der Form. Wir sind nun in einem Übergang, in dem wir begreifen werden, dass wir nicht nur Form sind, sondern auch Formloses. Es ist die Liebe, die führt, im Innen wie im Außen – und sie wurzelt in der absoluten Stille.

Das haben Menschen wie der Buddha doch schon vor Jahrtausenden erfahren und gewusst.

Ja, aber als Einzelwesen. Heute geht es jedoch um einen Bewusstseinsprozess der ganzen Menschheit, es geht um ein kollektives Erwachen. Das ist der Übergang von der Raupe zum Schmetterling. In der Evolution entfaltet sich das Bewusstsein unaufhörlich, bis Geist und Materie nicht mehr getrennt sind, nicht-zwei sind. Das geht so tief, dass sogar ein Einwirken auf die ganze Materie möglich sein wird. Wenn wir den gesamten evolutionären Bogen allmählich zu verstehen vermögen, wird die neue Dimension klarer erkennbar. Eine neue Ära kann beginnen. Jetzt befinden wir uns in einem Übergangsstadium, aber vielen Menschen ist dieser Prozess bereits bewusst. Und diese Bewusstwerdung wird unnötiges Leiden vermindern. Denn wir werden erkennen, dass du ich bist. Wieso also sollte ich dir etwas zuleide tun? Und wieso sollte ich die Dritte Welt ausbeuten? Ich würde doch nur mich selbst ausbeuten. Das ist ein ganz neues Selbstverständnis – die anderen »Selbste« im Selbst zu erleben. Dahin entwickelt sich die Evolution.

»Alles ist eins.« Das lehren uns die mystischen Wege aller Religionen. Doch die Religionen selbst sind noch getrennt und weit von der Erfahrung der Einheit entfernt. Wohin führt uns deiner Meinung nach die spirituelle Entwicklung im 21. Jahrhundert?

Ich bin davon überzeugt, dass uns im 21. Jahrhundert eine neue Sichtweise der Religion erwächst. Bislang hatten wir eine exoterische Betrachtungsweise, in der Gott da oben und wir da unten waren, eine Sichtweise, in der Gott und Mensch getrennt waren. In der neuen esoterischen Sichtweise geht es hingegen um eine unmittelbare Erfahrung des Göttlichen. Die Pfade dorthin mögen verschieden sein, doch alle treffen sich letztlich in der Stille, in der Liebe, im Unaussprechlichen. Alle spirituellen Wege, seien es Zen, Kontemplation, Sufismus, feiern das Eine und ehren die Verschiedenheit.

Und es geht nun darum, all die Dualitäten, die Aufspaltungen, die wir seit Jahrhunderten in der westlichen Kultur kennen von Geist und Materie, männlich und weiblich, oben und unten, Sündern und Heiligen, zu versöhnen und zu vereinen. Das beinhaltet auch, das Weibliche in der Spiritualität neu zu entdecken und zu integrieren, ebenso aber auch das Männliche, denn das ist ebenfalls nicht in seiner eigentlichen Wirkkraft. Wenn das weibliche Prinzip im 21. Jahrhundert hervortritt und alles wieder mehr in eine Balance kommt, werden wir verstehen, dass Materie nichts anderes ist als Geist und Geist nichts anderes als Materie. Der Weg des religiösen Asketentums ist heute nicht mehr zeitgemäß. Es geht vielmehr darum zu erkennen, welche Fülle uns die Erde schenkt. Und es geht darum, in absoluter Freiheit das Göttliche zu feiern.

Kannst du anhand deines spirituellen Weges erläutern, wie wir diese Dualismen, die uns seit Jahrhunderten so geprägt und auch geschadet haben, überwinden können?

Meiner Erfahrung nach beginnt es immer in uns selbst. Ich muss diese Spannungskräfte, diese Pole, diese Reibung in mir selbst anschauen, ausloten und letztlich transzendieren. Die Liebe ist dabei der Schmelztiegel. Zugleich hat mir die Traumarbeit sehr geholfen. Und dass ich immer das Leben selbst als meinen größten Lehrmeister betrachtet habe. Wenn wir in einem bestimmten Grad von Bewusstheit leben, können wir all den Dingen, die im Außen und im Innern geschehen, in Liebe begegnen. Denn es gibt nichts im Leben, das nicht in sich selbst auf den Urgrund verweist. Wenn ich einer Sache völlig neutral begegnen kann, habe ich kein Thema darin. Wenn ich jedoch mit Anziehung oder Abstoßung reagiere, bedeutet dies immer Auseinandersetzung; ich bin im Spiel der Pole gefangen. Der negative Pol bedingt den positiven Pol. Es geht um das Erlösen beider Pole. Ich möchte das durch ein Beispiel verdeutlichen: Es gibt viele Menschen, die als Kinder sehr verletzt wurden und die sich deshalb als Opfer erleben. In der Traumarbeit kommt das verdrängte Geschehen oft wieder nach oben und zeigt sich in all seiner Schärfe. Doch irgendwann im weiteren Verlauf der Zeit träumt der Mensch plötzlich von der eigenen Täterschaft. Wenn es ihm dann gelingt, die Täterschaft in sich selbst anzuschauen und in Liebe zu versöhnen, dann hat der Mensch die Dualität überwunden. Diese Arbeit der Überwindung von Dualität beginnt immer bei einem selbst. Und wenn unser Inneres geklärt ist und keine Spannungsfelder mehr unbewusst an uns zerren, dann können diese Polaritäten zwar noch spielen, doch wir hängen nicht mehr in ihnen fest. Und wenn wir die Polaritäten in der Ruhe und Weite des Herzens aufgenommen haben, strahlt lichtvolles Dasein, klarer Geist im Hier und Jetzt.

Jeder Mensch trägt alles Wissen auf einer tieferen Ebene und damit alle Weisheit in sich. Und diese ist kraftvoller als jede Lehre und jedes Konzept. Hier liegt die Kraft des Jetzt. Und diese Kraft kann jeder Einzelne nur in sich ausloten. Wenn jemand wirklich ernst und wahrhaftig seinen Weg geht, kann er nicht fehlgehen. Die Wahrhaftigkeit liegt in uns selbst, und wenn wir ganz tief und ernsthaft fragen, erhalten wir immer eine Antwort und werden geleitet. Das ist ein kosmisches Gesetz. Ich kann nur alle auffordern, bei sich selbst zu bleiben, sich selbst auszuloten, zu ringen, zu fragen und dem eigenen Herzen zu lauschen und zu vertrauen. Folgen wir unserem inneren Licht, dann wird selbst ein sogenannter Fehler korrigierbar. Es ist die Liebe, die Basis des Lebens, die auf diese Weise wirkt. Sie schwingt immer im Bewusstsein im Hier und Jetzt. Die Kraft im Jetzt, das ist der Hebel. Wir sind alle ein Punkt, und aus dem heraus entfaltet sich das ganze Universum. Und die größte Kraft liegt im Punkt, im Menschen selbst. Alles ist im Menschen selbst.

Sufis haben eine sehr intime Beziehung zu Gott – Gott ist für sie Geliebter, Geliebte. Wie verändert eine solch intensive Liebesbeziehung mit dem Göttlichen den Menschen?

Aufgrund meiner katholischen Erziehung stand ich selbst lange Zeit voller Ehrfurcht vor dem Gottesreich und vor diesem mächtigen Gottvater mit seinem Sohn. Und dann war da auch noch der Heilige Geist, von dem niemand so recht wusste, wer das eigentlich ist. Als ich dann zum ersten Mal bei dem Sufi Rumi von der Liebesbeziehung zwischen Gott und Mensch hörte, war ich zutiefst erschüttert. Die Liebe, musst du wissen, war mir immer schon wichtig. Als junge Frau fand ich die Liebe aufregend und vor allem das Verliebtsein, weil das immer so ein Kick war, das Leben war dann so frisch, lebendig und toll. Doch dieses Verliebtsein verging ja immer wieder sehr schnell. Da kam Frau Tweedie und sagte: »Ich bin immer verliebt. Nur ich weiß nicht, in was.« Das fand ich großartig und so befreiend. Wenn wir es wagen, mit dem Göttlichen als dem Geliebten zu sprechen, erfahren wir eine Liebe, die nichts Strafendes mehr hat, eine Liebe, die einzig daran interessiert ist, dass der Mensch bewusst wird. Ich musste viele Konditionierungen loslassen, um mir das zu erlauben, denn ich war nicht so aufgewachsen, um mich dieser Begegnung als würdig zu erachten. Das ist ja ein ganz anderes Verhältnis zu Gott, kein hierarchisches von oben und unten, sondern wirkliche Begegnung.

Auf unserem inneren Weg gibt es hierfür vier Schritte: *seperatio* – die Trennung, *conjunctio oppositorum* – die Versöhnungsarbeit, *unio mystica* – die Vereinigung mit dem Göttlichen – und schließlich die Rückkehr zum Marktplatz. In der Meditation werden wir aufgefordert: »Versinke im Gefühl der Liebe.« Als ich das erstmals hörte, dachte ich: »Wunderbar, das mache ich.« Und ich hatte anfangs auch kein Problem damit, doch plötzlich sah ich mich mit der Frage konfrontiert: »Was ist eigentlich Liebe?« Und ich musste entsetzt feststellen, dass ich keine Ahnung hatte, was Liebe wirklich meinte. Also ließ ich mich immer tiefer auf diesen Prozess ein. Bis ich eines Tages in einem Akt der Gnade von Liebe berührt wurde. Zart wie ein Schmetterlingsflügel, wie ein Kuss, und ich verstand, was bedingungslose Liebe ist. Das vergeht dann natürlich wieder, und du fühlst dich erneut getrennt. Doch diese Prozesse sind letztlich irreversibel. Wer einmal von der Liebe gekostet hat, ist ein Wissender. Diese Liebe entfaltet und vertieft sich, bis jede Zelle trunken ist und alle Daseinsebenen des Menschen davon durchdrungen sind. Die Liebe ist immer verbunden mit Weisheit und Bewusstsein. Sie bilden eine untrennbare Trinität. Traditionell sagen wir, dass Existenz, Bewusstsein und Glückseligkeit eine Einheit bilden. Es sind die Bausteine des Lebens auf essenzieller Ebene.

Die Liebe ist die höchste Dynamik im ganzen Universum. Doch selbst sie vergeht in der tiefsten Meditation, und es bleibt nichts. Das ist der Urgrund. Doch aus dem Urgrund kommend ist das Erste, was im Bewusstsein auftaucht, der Duft der Liebe. Diese Liebe durchdringt alles. Diese Liebe will sich aus sich selbst heraus manifestieren, sie will sich ergießen. Das ist ihre Natur. In der Liebe sind Äußeres und Inneres, Himmel und Erde nicht getrennt, sondern eins. Und darum folge ich einfach dieser Liebe, so wie sie sich manifestieren möchte. Und heute ist es an der Zeit, dass alle Menschen diese Liebe, dieses Bewusstsein, erfahren und ihr Ausdruck verleihen. Es geht darum, diese Liebe zu leben und in die Welt zu bringen. Das ist eine kollektive Angelegenheit, welche die ganze Menschheit betrifft. Es reicht nicht mehr aus, sein privates Heil zu suchen. Diese Zeit ist vorbei. Wir haben die Aufgabe, das, was wir im Innen erfahren, in der Welt gemeinsam zu manifestieren. Und das bedeutet, in allen gesellschaftlichen Bereichen – in Politik, Wirtschaft, Kultur und Bildungswesen – die Ich-Zentrierung zu überwinden, neue Formen zu finden und aus der Liebe heraus die Welt neu zu gestalten. Es ist eine spannende Zeit, in der wir leben. Und es liegt viel Arbeit vor uns.

Die Welt in
Dankbarkeit verbinden

© Roland Ropers

David Steindl-Rast

»Dankbarkeit ist eine wunderbare Brücke zwischen allen Religionen und allen Menschen.« Diese Worte von Bruder David Steindl-Rast enthalten wohl die zentrale Botschaft dieses großen Mystikers und international hoch geschätzten Vertreters des interreligiösen Dialogs, der sich seit nahezu 50 Jahren weltweit und unermüdlich für eine Verständigung der Religionen und für ein friedliches Miteinander der Menschheit engagiert.

Prägend für dieses Leben, so sagte Bruder David bei seinem Vortrag auf dem Benediktushof im Mai 2005, waren seine Jugendjahre in dem vom Krieg heimgesuchten Wien des Zweiten Weltkriegs. Hier, inmitten der Zerstörung und im Angesicht des Todes, wurde ihm die einzigartige Kostbarkeit des Lebens bewusst. Hier sind auch die Wurzeln seines unablässigen Engagements für den Weltfrieden zu finden, für den der inzwischen 81-jährige Mönch auch heute noch auf die Straße geht.

Diese Kriegsjahre lehrten ihn bereits als jungen Menschen, dass ein erfülltes und intensiv gelebtes Leben die Akzeptanz des Todes unabdingbar voraussetzt. Beeindruckt von der Forderung des heiligen Benedikt, »den Tod allzeit vor Augen zu haben«, reifte in ihm der Entschluss heran, ein mönchisches Leben zu führen, und er trat Anfang der 50er-Jahre in ein neu gegründetes Benediktinerkloster in den USA ein. Schon bald führten ihn seine Vortragsreisen durch die ganze Welt, und regelmäßig traf er mit Vertretern anderer Religionen zusammen. Als einer der ersten christlichen Mönche erhielt er die Erlaubnis, für einige Zeit in einem Zen-Kloster zu leben, und er fühlte sich als Benediktiner in diesem zutiefst beheimatet. Die buddhistischen Kloster-Regeln unterschieden sich nur wenig von denen der benediktinischen Gemeinschaft: Aufmerksamkeit lernen für die alltäglichen Dinge des Lebens, präsent sein in jedem Augenblick und den Tod immer vor Augen haben. Im Zen-Kloster erfuhr er zudem, welch zentrale Rolle die Dankbarkeit für den spirituellen Weg innehat, denn das tägliche Leben dort war sehr auf Dankbarkeit ausgerichtet. Man verneigte sich vor allem, vor jedem Menschen, jeder Tasse Tee, jedem Raum und selbst vor der Latrine. »Das dankbare Leben ist die große Frucht meiner Begegnung mit dem Buddhismus«, so Bruder David.

Um den interreligiösen Dialog zu fördern, gründete er in den 70er-Jahren gemeinsam mit Buddhisten, Hindus und Rabbinern das Centre for Spiritual Studies. Immer wieder traf er auch mit dem

Dalai Lama zusammen. Mit dem bekannten Trappistenmönch und Mystiker Thomas Merton gründete er landesweit »Häuser des Gebetes«, in denen Ordensleute neben dem christlichen Gebet Elemente aus allen Religionen kennenlernen und praktizieren konnten – ein Einfluss, der bis heute in den USA nachwirkt, in denen es kaum ein christliches Kloster gibt, in dem nicht Zen geübt wird.

Nach vielen Jahren des unermüdlichen Reisens durch alle Kontinente dieser Welt hat sich Bruder David mittlerweile in eine Einsiedelei im Staate New York zurückgezogen, die er nur noch selten verlässt. Ich hatte das große Glück, ihn bei einigen »seiner Ausflüge in die Welt« in den vergangenen Jahren treffen zu können. Erstmals begegnete ich ihm im Sommer 2004 bei der Einweihung des Seminarhauses »Felsentor« in der Schweiz, zu der Willigis Jäger als Repräsentant der Sanbo-Kyodan-Zenschule geladen war. Wir waren gerade angekommen, als ein freudestrahlender, älterer Mönch auf Willigis zueilte, ihn mit großer Herzlichkeit begrüßte und danach mir galant die Hand küsste. Seinen einzigartigen Wiener Charme hat sich Bruder David auch nach all den Jahren in den USA bis zum heutigen Tage erhalten. Dieser Charme zusammen mit einer ungewöhnlichen Ausstrahlung an Güte und Herzenswärme haben mich vom ersten Augenblick an für ihn eingenommen. Als wir am Abend nach dem Festakt gemeinsam mit der ratternden Rigli-Bahn den steilen Berg ins Tal hinunterfuhren, sprachen wir über den Benediktushof, und er nahm die Einladung seines Mitbruders Willigis zu einem Besuch gerne an. Und tatsächlich kam er im darauffolgenden Jahr und hielt einen öffentlichen Vortrag, zu dem Menschen aus ganz Deutschland angereist kamen. In diesem sehr persönlichen Vortrag berichtete er von seinen Erfahrungen mit dem Buddhismus und erwies sich einmal mehr als engagierter Brückenbauer zwischen den Religionen.

An den zwei Tagen seines Aufenthaltes, die ich in seiner unmittelbaren Nähe verbrachte und mich um sein Wohlergehen kümmerte, konnte ich seine Achtsamkeit und ausgesuchte Höflichkeit im Umgang mit allen Menschen beobachten. Es war ihm in seiner bescheidenen Art ein spürbares Anliegen, so wenig Aufsehen wie möglich zu erregen und anderen Menschen keinerlei Mühe zu bereiten. Ich konnte miterleben, wie seine sanfte und zugleich klare Präsenz ein Feld der Dankbarkeit und Herzenswärme schuf, das die Menschen in seiner Nähe in unmittelbaren Kontakt mit ihrer eigenen Dankbarkeit brachte und ihre Herzen weitete. Das Herz ist für Bruder David der Ort, an dem sich die eigentliche Gottes- und Menschenbegegnung vollzieht.

In welcher Tiefe gelebte alltägliche Dankbarkeit unser Herz zu berühren vermag, kann vielleicht anhand der folgenden kleinen Begebenheit deutlich werden: Während eines gemeinsamen Frühstücks saß mir Bruder David gegenüber, und ich reichte ihm eine Tasse Tee – eine ganz gewöhnliche Tasse Tee, wie wir sie täglich in den Händen halten. Bruder David nahm diese Tasse entgegen und lächelte mich dabei mit einem Blick von solch überströmender Dankbarkeit an, der mein Herz in einer unvergesslichen Weise berührte. In diesem kurzen Augenblick enthüllte sich mir die Essenz gelebter Dankbarkeit. Die Erinnerung an diesen Blick kommt mir seither oft zu Hilfe, wenn ich selbst wieder einmal undankbar und gedankenlos im Umgang mit Menschen bin. Als ich von Bruder David erfuhr, dass er im Herbst 2007 zu einem seiner seltenen Besuche nach Europa käme, fragte ich ihn, ob ein Interview mit ihm möglich sei. Zu meiner großen Freude lud er mich ein, ihn im Benediktinerstift Melk in Österreich zu treffen, wo er an einer internationalen Konferenz teilnahm, die er gemeinsam mit dem Dalai Lama eröffnete. Es war ein vertrautes und freudiges Wiedersehen. Die Herzen mancher Menschen sind wie eine alte Heimat, in die man jederzeit zurückkehren kann und sich willkommen weiß. Bruder David ist ein Mensch, der anderen immer einen Platz am wärmenden Feuer seines Herzens bereithält.

In unserem Gespräch zeigt Bruder David in eindrücklicher Weise auf, wie der Weg der Dankbarkeit zu einem erfüllten und glücklichen Leben zu führen vermag. Er erinnert daran, nichts in diesem Leben als gegeben oder selbstverständlich hinzunehmen, sondern alles, was uns begegnet, als Gabe und als Geschenk zu würdigen. Zugleich wird deutlich, dass dieser friedfertige und sanfte Mönch alles andere als ein bequemer Zeitgenosse ist. Er ist ein Mystiker in Aktion und mischt sich ein in Politik und Religion. Für ihn gehören Mystik und Widerstand, Spiritualität und Weltverantwortung unauflösbar zusammen. Er lässt keinen Zweifel daran aufkommen, dass die Mystik revolutionär ist und dass sich Mystiker mit der bestehenden Weltordnung nicht arrangieren können, sondern für eine bessere und gerechtere Welt eintreten müssen.

Da Bruder David mittlerweile die meiste Zeit des Jahres in seiner Einsiedelei lebt, hat er eine Website ins Leben gerufen, um mittels dieser weiterhin aktiv für die Welt tätig zu sein und mit den Menschen verbunden zu bleiben. Diese Website wird täglich von Tausenden Menschen aus der ganzen Welt besucht, die hier gemeinsam meditieren und beten, eine Kerze anzünden für den Weltfrieden und ein inspirierendes Wort finden für den Tag. So webt Bruder David weiterhin an einem weltweiten Netz des dankbaren Lebens, das alle Menschen und alle Religionen vereint.

📖 **Buchempfehlungen**

David Steindl-Rast: *Die Achtsamkeit des Herzens,* Freiburg: Herder Verlag, 2005
– *Fülle und Nichts,* Freiburg: Herder Verlag, 1999

DVD-Empfehlung
David Steindl-Rast und Willigis Jäger: *Atem der Stille – Mystik heute* (Benediktushof edition)

Kontakt
www.gratefullness.org

Gespräch mit Bruder David Steindl-Rast

im September 2007 im Stift Melk, Österreich

Du bist hier gemeinsam mit vielen anderen namhaften Vertretern aus Religion, Wissenschaft und Wirtschaft auf dem diesjährigen »Waldzell Meeting« im Stift Melk. Im Mittelpunkt dieser internationalen Konferenz steht die Frage, wie wir die Erde für unsere Kinder und für die Zukunft bewahren können. Gestern hast du gemeinsam mit dem Dalai Lama das Meeting eröffnet. Magst du einige deiner Eindrücke schildern?

Es war eine schöne Eröffnung. Der Dalai Lama und ich kennen uns ja schon lange. Heute beim Mittagessen erzählte er von seinen Besuchen in Lourdes und in Fatima. Lourdes, so sagte er, habe auf ihn persönlich keinen besonderen Heileffekt gehabt, doch danach sei er nach Fatima gegangen und habe dort die Madonna verehrt und dann, sagte er, habe er sich beim Hinausgehen umgedreht und gesehen, dass die Madonna ihn anlächelte. Isabel Allende, die bei uns saß, glaubte ihm das nicht, und der Dalai Lama sagte, doch, sie hat mich angelächelt und das hat mir viel bedeutet. Das ist doch lieb, oder? Und dann haben wir über das buddhistische Konzept des »Abhängigen Entstehens« gesprochen, und er meinte, dass dies mit dem Glauben an einen Schöpfergott nicht vereinbar wäre. Ich erwiderte, dass dies zwar mit dem Glauben an einen theistischen Gott, der von uns abgeschnitten ist, unvereinbar wäre, doch durchaus vereinbar mit einem Gott, in dem wir völlig enthalten sind. Einem panentheistischen Verständnis der christlichen Lehre zufolge ist das abhängige Entstehen selbst göttlich und kommt aus der Leere, aus dem Nichts. Die Leere ist der Vater, das abhängige Entstehen der kosmische Christus und der Heilige Geist die Liebe, die durch alles fließt und wieder zum Ursprung zurückkehrt. »Da sind wir ja völlig eins«, sagte daraufhin der Dalai Lama. Das hat mir viel bedeutet. Wir haben uns ja beide über die Jahre hinweg in unserem Verständnis des Christentums parallel weiterentwickelt.

In den Gesprächen hier mit den Kongressteilnehmern aus der ganzen Welt zeigt sich für mich aber wieder einmal deutlich, dass die Vertreter der großen Religionen sich leider zunehmend selbst irrelevant machen. Je mehr man ihnen zuhört, desto klarer wird, dass die Institutionen als solche weitgehend bankrott sind, weil sie sich an das kleine Ego der Menschen wenden, nicht an das wahre Selbst. Mit Ausnahme des Buddhismus haben die Religionen es auch versäumt, ihre Anhänger darauf hinzuweisen, dass sie nur Wege sind – und einen Weg lässt man im Weitergehen immer wieder hinter sich. Allzu oft werden die Menschen auf dem Weg ihrer religiösen Entwicklung durch die Institutionen aufgehalten.

Wie siehst du denn die derzeitige Entwicklung der katholischen Kirche unter dem neuen Papst?

Nun, Päpste kommen, Päpste gehen. Meine persönliche Meinung ist, dass die Institution der Kirche sich grundlegend ändern muss, um wieder christlich zu werden. Der Papst als Pontifex ist mit diesem Titel Nachfolger der römischen Kaiser. Das früheste Credo im Christentum lautete: Jesus Christus ist Herr – Kyrios. Das galt als Hochverrat, denn Kyrios war bis dahin nur einer – der Kaiser. Wenn Jesus nun Kyrios ist, dann ist der Kaiser nicht mehr Kyrios.

Jesus war Mystiker und Revolutionär, ein gewaltfreier Revolutionär. Er hat das Herrschaftssystem, das im römischen Kaiser verkörpert war, durch das Reich Gottes ersetzt und die Machtpyramide durch die Koinonia, die geschwisterliche Gemeinschaft. Doch dann hat der Papst die Spitzenposition in dem Machtsystem übernommen. Das mag historisch alles verständlich sein und hat vielleicht sogar bisher eine Funktion gehabt. Doch heute können wir ganz klar sehen, dass Millionen Menschen Jesus Christus lieben und die Kirche hassen und dass für viele die Kirche nicht zu Christus hinführt, sondern den Zugang zu Christus blockiert. Die römisch-katholische Kirche ist ihrer Verfassung nach eine absolute Monarchie. Kann sich denn in unserer heutigen Welt eine absolute Monarchie noch halten? Nachdem wir Christen uns diese Verfassung gegeben haben, werden wir wohl, vom Heiligen Geist geleitet, neue Formen finden, die das wertvolle Alte bewahren und zugleich den neuen Entwicklungen und Erfordernissen Rechnung tragen.

Welche Rolle spielt hierbei die Mystik?

Die Mystik kann im Namen der Kirche reden, denn sie ist der Lebensquell im Herzen der Kirche. Es kann nicht oft genug wiederholt werden, dass jeder Mensch von Natur aus ein Mystiker ist. Mystiker sind nicht besondere Menschen, sondern jeder Mensch ist ein besonderer Mystiker. Die großen und berühmten Mystiker zeichneten sich dadurch aus, dass sie der mystischen Erfahrung vom Einssein mit Gott in ihrem täglichen Leben Ausdruck verliehen. Und Gott sei Dank gibt es auch heute ungezählte Mystiker und Mystikerinnen, die das tun, ohne dass jemand von ihnen weiß. Ich denke dabei an all die einfachen Menschen in der

Kirche, deren mystisches Leben von den traditionellen Formen der Frömmigkeit genährt wird. Sie sind Mystiker, auch wenn sie das Wort vielleicht noch nie gehört haben. Und Mystiker sind einander ganz eng verbunden, egal, welcher Religion sie angehören. Die christlichen Mystiker stehen den muslimischen, den buddhistischen, den hinduistischen nahe – Mystiker stehen sich immer nahe. Sie sind das eigentliche Herz der Religionen, und das schlägt unabhängig von den Institutionen.

Soweit ich weiß, bist du trotz deiner offenen Worte nie in gravierende Schwierigkeiten mit der Institution Kirche geraten. Ich erinnere mich an das Zitat, das du Willigis zu seinem 80. Geburtstag gewidmet hast: »Man kann das Bestehende nicht ändern, indem man dagegen ankämpft. Um etwas zu ändern, baue ein neues Modell, welches das alte überflüssig macht.« Ist dies kennzeichnend für dich und deinen Weg?

Sicherlich, darum bemühe ich mich, und das trifft auch für Willigis zu, deshalb habe ich ihm ja dieses Zitat gewidmet. Wir bemühen uns beide darum, etwas Neues zu bauen. Und dabei sagen wir offen, was wir zu sagen haben. Im Temperament sind wir jedoch verschieden, er ist mehr der Kämpfer und Angreifer, ich bin mehr der Diplomat – ich bin ja schließlich Wiener (lacht).

Und du hast auch den Charme der Wiener, Bruder David. Doch zugleich bist du alles andere als ein bequemer Zeitgenosse. Du betonst immer wieder die Radikalität der Mystik. Was ist das eigentlich Radikale an den Mystikern?

Die bestehende Weltordnung ist auf Angst gegründet und auf Gewalttätigkeit, die dieser Angst entspringt. Sie ist mit

Spiritualität nicht vereinbar, denn sie wird ständig von unserem kleinen Ego gespeist und genährt. Unser kleines Ego hat immerzu Furcht, es verteidigt und rechtfertigt sich, klammert sich an die Vergangenheit und ist in Ungeduld oder Angst mit der Zukunft beschäftigt. Das Ego lebt von der Illusion, von anderen getrennt zu sein, und das macht Angst. Diese Angst verfestigt sich dann in einer Weltordnung, die dieses Getrenntsein verteidigt.

Mystiker hingegen sehen ganz klar, dass wir alle zusammengehören – Menschen, Tiere, alle Lebewesen, der ganze Kosmos. Trennung ist nur Illusion, doch sie ist eine gefährliche Illusion. Der Mystiker lebt in der Gegenwart, im Jetzt und damit in der Verbundenheit mit allen und allem. Mystiker sind revolutionär, weil sie durch Wort und Beispiel andere Menschen dazu ermächtigen, der Liebe zur Macht mit der Macht der Liebe entgegenzutreten. Darum sind sie den Herrschaftssystemen in Religion und Politik, welche die Menschen entmächtigen, ein Dorn im Auge. Unsere Weltordnung entmächtigt die Menschen – insbesondere die Frauen und die Kinder. Wir brauchen uns doch nur anzuschauen, wie die Kirche heute noch die Frauen behandelt.

Jesus hingegen hat die Menschen ermächtigt. Das sieht man daran, dass er die Kinder gesegnet hat und dass unter seinen Jüngern auch Frauen waren. Das hört man zudem deutlich aus dem heraus, was und wie er gelehrt hat. Er hat nicht mit den Worten gepredigt: »So spricht Gott, der Herr.« Der Titel »Prophet« ist an Jesus nicht haften geblieben, denn das Typische am Propheten ist, dass er sich auf die Autorität Gottes beruft, die hinter ihm steht. Jesus hingegen hat den Menschen die Autorität Gottes in ihren eigenen Herzen bewusst gemacht.

Das zeigt sich zum Beispiel an seinen Gleichnissen. Die appellieren an den gesunden Menschenverstand – an den Heiligen Geist in den Herzen der Menschen. Dadurch ermutigt und ermächtigt er sie. Daher sind auch so viele seiner Wunder Heilungen von Gelähmten. Sie können plötzlich auf ihren eigenen Füßen stehen. Wenn man Menschen innerlich ermächtigt, dann können sie auch äußerlich aufstehen und gehen. Aber das verlangt von uns Verantwortung. Und daher wird Jesus am Ende doch im Stich gelassen, weil es leichter ist, die Verantwortung auf irgendwelche Autoritäten da draußen abzuschieben. Wir geben lieber unsere Freiheit auf, als dass wir die Verantwortung übernehmen, die uns aus der Freiheit erwächst. Das war damals so, und das ist heute immer noch so. Aber Jesus ist uns als Mystiker und gewaltfreier Revolutionär vorangegangen bis in den Tod und hat uns durch seine Auferstehung ermutigt, ihm nachzufolgen.

Lehrt uns Jesus, dass wir politische Verantwortung übernehmen müssen? Für dich selbst gehören Mystik und politisches Engagement, Mystik und Widerstand ja unauflösbar zusammen.

Jeder Christ hat eine große politische Verantwortung. Wenn gesagt wird, dass Kirche und Politik nicht vermischt werden sollten, dann stimme ich dem nur insofern zu, als sich die religiösen Institutionen nicht mit den politischen Institutionen verbandeln dürfen. Wenn jedoch Gläubige einer Religion sich nicht gesellschaftlich engagieren, dann fehlt etwas an der Religiosität. Wo soll sich die Religiosität denn zeigen, wenn nicht im Politischen. Wir sind doch alle politische Wesen, jeder von uns ist ein *zoon politikon*. Die Religion als Rechtfertigung dafür zu nehmen, dass wir nicht politisch zu sein bräuchten, ist ein völliges Missverständnis des Christentums.

Ist es nicht auch ein häufiges Missverständnis auf dem spirituellen Weg? Es gibt viele spirituelle Menschen, die ihre unpolitische Haltung mit dem Spruch begründen: »Wenn ich mich verändere, dann verändere ich bereits die Welt.«

Die Aussage an sich stimmt ja. Wenn ich mich ändere, ändere ich auch die Welt. Denn wenn ich mich wirklich innerlich ändere, dann sehe ich auch, was ich im Außen zu ändern habe und was ich zu tun habe, um die Welt zu verändern. Letzteres wird leider oft ausgelassen bei dieser Aussage. Wenn ich mich wirklich ändere, dann ändert sich die Welt, weil ich dann weiß, was ich zu tun habe, und das auch tue. Manche Menschen auf dem spirituellen Weg denken, wenn sie sich ändern und sich innerlich anders fühlen, dann wird sich schon auch etwas am Kosmos ändern. Das ist ein Missverständnis, ein gefährliches Halbverständnis dieser Aussage. Denn die entscheidende Hälfte des Handelns wird dabei einfach vergessen. Das ist das Schöne hier auf diesem Meeting, bei dem es ausdrücklich darum geht, das Innere mit dem Äußeren zu verbinden. Diese jungen »Architekten der Zukunft« verstehen das und tun das auch. Das gibt mir große Hoffnung für die Zukunft.

Du lehrst und lebst die Dankbarkeit als spirituellen Weg. Kannst du die Grundzüge dieser spirituellen Praxis erläutern?

Die Dankbarkeit ist eine Form spiritueller Praxis, die den Vorzug hat, dass sie sehr schnell Resultate zeigt. Wenn wir uns am Morgen vornehmen, dankbar zu sein für alles, was uns an diesem Tag begegnet, werden wir am Abend bereits spürbar glücklicher sein. Dankbarkeit heißt, den gegebenen Augenblick und jede gegebene Gelegenheit, einfach alles, was uns begegnet, als Gabe, als Geschenk wahrzunehmen. Wenn wir alles, was uns begegnet, als Geschenk erkennen und nicht einfach als gegeben hinnehmen, dann wachen wir auf zu einer neuen Lebendigkeit. Das gibt uns tausend Gelegenheiten, uns zu freuen. Ich freue mich, dass ich jetzt mit dir zusammen sein kann, dass du dir die Mühe gemacht hast, hierherzukommen, dass wir hier an diesem wunderbaren Ort sind, dass so schöne Blumen auf dem Tisch stehen und dass wir etwas Gutes zu trinken haben.

In der Dankbarkeit feiern wir unsere Zugehörigkeit und damit auch unsere gegenseitige Abhängigkeit. Das Ja zur Zugehörigkeit ist Liebe, ein gelebtes existenzielles Ja zu allem, was ist. Alles hängt mit allem zusammen. Alles ist in der göttlichen Liebe vereint. Wir sind mit allem verbunden. Die ganze Schöpfung ist ein Geschenk, das aus dem mütterlichen Schoß, der göttlichen Urquelle, hervorgeht und das wir wieder zurückgeben an diese Quelle. Durch Dankbarkeit erkennen wir dieses unermessliche Geschenk und verschenken uns selbst dankbar an alles. Das führt auch zu einem neuen Gottesbild und weg von der Vorstellung eines über uns thronenden, von uns getrennten Gottes. Durch dankbares Leben erfahren wir einen Gott, in den wir völlig eingebunden und eingebettet sind. Wir sind völlig in Gott; Gott ist völlig in uns und geht zugleich unendlich über uns hinaus. Gott ist Geber, Gabe und dankbares Leben.

Doch wie können wir mit all den Situationen umgehen, für die es uns schwerfällt, dankbar zu sein, weil sie keinen Anlass zur Freude bieten, sondern Leid, Schmerz und Kummer mit sich bringen?

Hier ist das entscheidende Wort »Gelegenheit«. Das eigentliche Geschenk in allem, was uns gegeben ist, ist die Gelegenheit. Und meistens gibt es die Gelegenheit zur Freude. Natürlich gibt es auch Situationen, für die wir kaum dankbar sein können, doch auch sie bieten uns eine Gelegenheit; wir müssen nur herausfinden, wozu. Ich kann nicht dankbar dafür sein, wenn ich mir den Fuß breche, doch ich kann, wenn ich in Dankbarkeit geübt bin, darin eine Gelegenheit erkennen, mich in Geduld zu üben, Bücher zu lesen, die ich sonst nicht lesen würde, und etwas Neues zu lernen, zum Beispiel Geduld.

Wenn ich auf mein Leben zurückblicke, dann haben sich alle Schicksalsschläge und alles Arge, was mir widerfahren ist, immer als die Quelle einer guten Entwicklung herausgestellt. Wir vergessen das nur allzu oft. Und manchmal muss man auch lange warten, um es zu erkennen. So ist aber das Leben – alles Schwere und alle Schicksalsschläge wenden sich letztlich doch zu unserem Besten. Rückblickend können wir das sehen. Und wenn wir uns in Dankbarkeit üben, dann können wir daraus auch im Vorhinein Vertrauen schöpfen. Wir vertrauen uns dann dem Leben an. Wir sind offen für die Überraschungen, die uns das Leben schenkt. Das entspringt alles der Dankbarkeit.

Die Dankbarkeit steigt in unserem Herzen auf, lange bevor wir Dank sagen. Sie steigt in völliger Stille in uns auf. Ich vergleiche das gerne mit einem Gefäß, das sich mit Wasser füllt. Das Herz fließt über, sagen wir ja. Es füllt sich an mit Dankbarkeit und fließt in Danksagung über. Im Überfließen erleben wir dann eine ganz besondere Freude. Je kleiner das Gefäß ist, desto früher fließt es über. In unserer Gesellschaft besteht die Gefahr, dass unser Gefäß zu groß gemacht wird. Es kommt dadurch immer seltener zum Überfließen. Wenn wir in arme Länder reisen, dann können wir erleben, wie dankbar die Menschen sind und wie glücklich und freudig sie daher im Vergleich mit uns sind. Ihr Gefäß ist so klein, dass bereits die kleinste Gabe es zum Überfließen bringt. Ein dankbares Leben ist ein einfaches Leben. Dankbarkeit hilft uns, unser Leben zu vereinfachen.

Konsequent gelebt stellt uns der spirituelle Weg der Dankbarkeit vor große Herausforderungen. Er ist seinem Kern nach sehr radikal, denn er fordert Dankbarkeit für tatsächlich alles, was uns begegnet. Einem Artikel, den du nach dem 11. September 2001 geschrieben hast, hast du den provokativen Titel gegeben »Ein neuer Grund für Dankbarkeit«.

Ja, der 11. September war ein Weckruf. Für die Zerstörung und den Mord können wir natürlich nicht dankbar sein, doch für den Weckruf. Als solcher war er ein Geschenk, und die angemessene Antwort auf ein Geschenk ist Dankbarkeit. Millionen Menschen haben das damals ganz klar verstanden. Dieses furchtbare Ereignis zeigte uns, dass es so nicht weitergehen kann. Denn wenn man Menschen immer nur Furcht einjagt, dann benehmen sie sich eben so. Selbst eine Maus wird aggressiv, wenn man sie furchtsam macht und mit dem Besen in eine Ecke drängt. Und wenn man Menschen Angst macht, dann werden sie aggressiv. Der 11. September war ja nicht das erste Mal, dass Aggression sich gezeigt hat. Er war eine Gegenreaktion auf eine Gegenreaktion auf eine Gegenreaktion … Und weil es jetzt die Menschen eines Staates getroffen hat, der dafür die meiste Verantwortung trägt, war es eine große Gelegenheit, zu erkennen, dass es so nicht weitergehen kann. Dass wir aufhören müssen mit der Ausbeutung, aufhören mit all dem, was zu Terrorismus führt. Der Terrorismus ist ja nicht vom Himmel gefallen, er ist eine Reaktion auf Ausbeutung und Unterdrückung. Der 11. September war eine Gelegenheit, die Ausbeutung und Unterdrückung zu beenden. Millionen von Menschen wären dazu bereit gewesen, wenn das richtige Wort zur richtigen Zeit gesagt worden wäre. Es waren nicht die Angehörigen der Opfer des World Trade Centers, die sich an den Terroristen rächen wollten. Es gab eine große Bewegung der Mütter und Verwandten, die sich gegen den Krieg einsetzten. Doch die Machthaber haben sofort die Gelegenheit missbraucht: Sie haben die Chance ergriffen, Angst zu schüren. Das machen sie immer noch. Statt Angst zu schüren, müssen wir die Ausbeutung, Unterdrückung und Verängstigung beenden, die solche Terrorakte erst hervorbringen. Der gesunde Menschenverstand erkennt das auf den ersten Blick.

Ich erinnere mich an deine Mail, die du an deine Freunde und Freundinnen weltweit geschickt hast, als der zweite Irakkrieg begann. Dich hat diese ganze Kriegspropaganda an deine eigene Kindheit im Zweiten Weltkrieg erinnert.

Viele Menschen, die ich kenne und die unter Hitler die ganze Kriegshetze noch miterlebt haben, sagten unabhängig voneinander, das ist wieder das Gleiche wie damals, nur haben die Machthaber unserer Tage viel dazugelernt. Das Kriegstreiben ist heute viel raffinierter und subtiler geworden.

Als die USA damit begannen, Bomben auf den Irak zu werfen, hast du dich in deinem amerikanischen Heimatort Ithaca mit einem Plakat an eine viel befahrene Kreuzung gestellt, auf dem geschrieben stand »Bombing Bagdad is Mass Murder«. Das war in diesem patriotisch aufgeheizten Klima wirklich mutig und hat mich sehr beeindruckt.

Ich tue, was ich kann, ich müsste vielleicht noch mehr tun, doch ich versuche zu tun, was in meiner Macht steht. Ich engagiere mich politisch, fast jeden Tag. Das Internet gibt mir hierfür viele Möglichkeiten; ich verschicke Aufrufe, unterzeichne Petitionen und verbreite Informationen. Das enthebt mich aber nicht davon, immer wieder persönlich zu demonstrieren. Das ist mir nach wie vor wichtig – auch wenn ich jetzt allmählich etwas alt dafür werde (lacht).

Die vollständige Akzeptanz dessen, was ist, und die gleichzeitige Notwendigkeit der Veränderung dessen, was ist, sind für dich kein Widerspruch in sich? Kannst du das erklären?

Es geht darum, zunächst nüchtern festzustellen: Was ist, ist. Sich innerlich dagegen aufzulehnen ist reine Energieverschwendung. Wir brauchen alle verfügbare Energie, den Tatsachen ins Auge zu blicken, und dann können wir sagen, dass es so aber nicht sein darf. Es besteht ein grundlegender Unterschied zwischen akzeptieren und gutheißen. Wir müssen nicht gutheißen, was wir akzeptieren. Wenn wir vernünftig vorgehen, dann akzeptieren wir, was ist, und können dann auf dieser Grundlage etwas dagegen tun.

Wenn ich nicht weiß, was ich tun kann, dann frage ich eben andere Leute, und wenn man genügend Leute fragt, dann wird schon jemandem etwas einfallen. Zumindest werden wir nicht mitmachen, solange wir fragen, was wir dagegen tun können. Die Gefahr besteht ja im Mitmachen. Und die Gefahr des Mitmachens ist viel größer, wenn man nicht akzeptiert, was ist, weil man dann glaubt, durch seinen Widerwillen schon etwas getan zu haben. Man murrt nur und regt sich auf und fürchtet sich und macht sich krank. Das sind alles verschwendete Energien. Es geht darum zu erkennen: So ist die Lage, auch wenn sie vielleicht noch viel schlimmer ist, als wir gemeint haben, und dann zu überlegen, was wir angesichts der Situation tun können.

Das Thema des Kongresses hier lautet »Was bleibt? Was werden wir der nächsten Generation hinterlassen?«. Bruder David, worin siehst du dein Vermächtnis für die Welt?

Ich habe mich immer bemüht, so wenig Spuren wie möglich zu machen. Ich würde gerne mit leichten Schritten durch dieses Leben gehen und dabei wenig Spuren hinterlassen.

Doch du hinterlässt Spuren in den Herzen so vieler Menschen, Bruder David.

Ich möchte jedoch kein großes Programm, kein großes Erbe hinterlassen. Isabel Allende hat vorhin in einem Gespräch gesagt, dass dieses ganze Konzept von Erbe und Vermächtnis etwas sehr Männliches sei. Frauen, sagte sie, schreiben keine Nachrufe auf sich selbst, so etwas tun nur Männer. »Und was hinterlassen die Frauen?«, wurde sie gefragt. »Sie hinterlassen Kinder und Enkelkinder«, sagte sie. Das hat mir gut gefallen. Ich würde auch lieber Enkel und Kinder hinterlassen, und vielleicht sind meine Kinder und Enkel spiritueller Art – Anstöße, Anregungen, Begegnungen mit Menschen, die weiterwachsen. Wenn aus diesen etwas Gutes herauskäme, dann wäre ich sehr dankbar.

Wir gehen den **Weg zum Wohle** aller Wesen

© Stephan Kölliker

Sylvia Wetzel

»Ich bin eine linke feministische Buddhistin«, sagt Sylvia Wetzel von sich selbst. Kein Zweifel – diese Frau redet Klartext. Sie sagt, was sie denkt, und sie tut, was sie sagt. Aus ihren politischen und feministischen Überzeugungen macht sie keinen Hehl, ganz im Gegenteil – spiritueller Weg und gesellschaftliches Engagement gehören für sie unauflösbar zusammen.

Ihren spirituellen Weg geht Sylvia Wetzel seit drei Jahrzehnten in der Tradition des Mahayana-Buddhismus. Es ist ein Weg, der die Menschen in die ethische Verantwortung nimmt und die aktive Hinwendung zu allen Wesen einfordert. In seinem Zentrum stehen das Mitgefühl und der Auftrag, sich und alle Menschen vom Leiden zu befreien. Sylvia Wetzel, die der politischen 68er Bewegung entstammt und seit den 70er-Jahren feministisch engagiert ist, fand in den Lehren des Buddha nicht nur Antworten auf ihre ethischen Fragen, sondern erklärtermaßen die große Inspiration ihres Lebens.

Der Buddhismus führt Menschen auf einen Weg der inneren Befreiung vom Leid. Dass dieser Weg auch in der äußeren Befreiung von Unterdrückung und Unrecht seine Entsprechung finden sollte, ist für Sylvia Wetzel als politisch denkende und handelnde Frau selbstverständlich. Als solche sucht sie nach zeitgemäßen Ausdrucksformen buddhistischer Spiritualität und nach Antworten auf die Frage, die sich für Frauen dabei zwangsläufig stellt: Wie kann diese von Männern begründete, überlieferte und praktizierte östliche Religion der Suche westlicher Frauen nach innerer und äußerer Freiheit gerecht werden?

Wer sich näher mit dem Buddhismus beschäftigt, betritt eine Welt männlicher Machtsymbole und eine Welt der Ungleichheit zwischen den Geschlechtern. Dieser Tatsache müssen sich sowohl Frauen als auch Männer auf ihrem spirituellen Weg bewusst sein, mahnt Sylvia Wetzel. In allen asiatisch-buddhistischen Ländern liegt die Bewahrung und Weitergabe der Lehren Buddhas nach wie vor in den Händen von Männern. Viele westliche Frauen, die dem Christentum gerade aufgrund ihrer Ausgrenzung den Rücken kehren und sich dem Buddhismus zuwenden, finden sich hier erneut mit männlicher Macht konfrontiert.

Was den Buddhismus jedoch auch auszeichnet und ihn vom Christentum deutlich unterscheidet, ist seine Flexibilität und Bereitschaft zur Veränderung, wenn er auf andere Kulturen trifft. Dem Buddhismus ist alles Missionarische und Selbstgerechte fremd, und er zeichnet sich durch eine sanfte Integrationsfähigkeit aus. Er geht in den Dialog mit dem, was er vorfindet, und passt sich so weit wie möglich den kulturellen Gegebenheiten des jeweiligen Landes an. Diese Toleranz und Offenheit werden durch das religiöse Oberhaupt des tibetischen Buddhismus, Seine Heiligkeit den Dalai Lama, glaubwürdig verkörpert und in die Welt getragen.

Es ist diese tolerante Grundhaltung, die für Sylvia Wetzel die Gewähr dafür ist, dass sich der Buddhismus den zeitgenössischen Forderungen der Frauen nach Gleichberechtigung öffnen wird. Schließlich haben Buddhismus und Feminismus beide ein erklärtes gemeinsames Ziel: die Befreiung des Menschen. Und solange die Befreiung der Frauen nicht auf allen gesellschaftlichen und religiösen Ebenen durchgesetzt ist, ist die menschliche Freiheit nicht verwirklicht. Von weisen Männern werden die Forderungen der Frauen daher immer schon unterstützt – nicht zuletzt vom Dalai Lama selbst, der sich auch gegen Widerstände innerhalb seiner religiösen Tradition für die Rechte der Frauen einsetzt. So stellte er auf die Frage nach der Gleichberechtigung der Frauen im Buddhismus in den letzten Jahren wiederholt in Aussicht, dass es sich bei dem nächsten Dalai Lama auch um eine Frau handeln könne.

Diese Öffnung des Buddhismus kommt jedoch nicht von ungefähr und ist nicht zuletzt dem unermüdlichen und jahrzehntelangen Einsatz von Frauen wie Sylvia Wetzel zu verdanken. Als eine der einflussreichsten Wegbereiterinnen eines modernen Buddhismus in der westlichen Gesellschaft erhielt sie für ihr Engagement im März 2008 in Bangkok die internationale Auszeichnung »Herausragende Frau im Buddhismus 2008« überreicht. Ihr Verdienst liegt darin, die Lehren des Buddha für unsere Zeit und unseren Kulturkreis neu zu interpretieren und nach zeitgemäßen

Formen dieser alten und ehrwürdigen spirituellen Tradition zu suchen. Ihre ureigenste Aufgabe erblickte sie von Anfang an darin, buddhistische Konzepte mittels eines feministischen und kulturkritischen Ansatzes zu hinterfragen und ihnen die bislang ausgegrenzten Erfahrungen und Gedanken von Frauen einzuschreiben.

Ihr integratives und diplomatisches Talent erweist sich hierbei als großer Vorteil. Sie setzt auf das Miteinander, auf den Dialog, auf die Einsicht ihres Gegenübers. Sie sucht gezielt nach Schnittstellen und Gemeinsamem, blickt auf das Verbindende und wendet sich gegen alle Formen von Lagerbildung und Ausgrenzung. Ein Paradebeispiel ihres diplomatischen Geschicks ist für mich die Tatsache, dass sie in den 70er-Jahren in einem katholischen Dorf in Bayern eines der ersten buddhistischen Seminarhäuser leitete – und dies in gutem Einvernehmen mit den katholischen Dorbewohnern.

Sylvia Wetzel blickt weit über den eigenen Tellerrand hinaus und sieht andere Traditionen und Schulen nicht als Konkurrenz, sondern als Bereicherung. Sie fördert den buddhistisch-christlichen Dialog und war lange Jahre Sprecherin der Deutschen Buddhistischen Union, eines Dachverbandes, in dem sich viele verschiedene buddhistische Schulen organisiert haben. Kooperation und Networking zählen zu ihren Stärken, und wer sie kennt, ist geneigt, ihren Worten zuzustimmen: »Auch wenn ich sehr vorsichtig bin mit Geschlechterzuschreibungen, würde ich doch sagen, dass die Fähigkeit zum Weben von Netzwerken eher eine weibliche Fähigkeit ist.«

Als ich ihr erstmals begegnete, war ich von ihrer Lebendigkeit, Vitalität und ihrem erfrischenden Humor umgehend angetan. Mit ihrer herzlichen und offenen Art, auf Menschen zuzugehen, kann sie sehr schnell Nähe und Vertrautheit herstellen.

Charakteristisch für Sylvia Wetzel ist sicherlich ihre kraftvolle und erdverbundene Art zu lehren. In all ihren Vorträgen, Seminaren und Büchern gibt sie Menschen praktische Übungen mit auf den Weg, die diese in ihrem Alltag anwenden können. Damit trägt sie der Lebensrealität des heutigen Menschen und insbesondere der Lebenssituation moderner Frauen zwischen Beruf und Familie Rechnung. In ihrer energiegeladenen Art zögert sie nicht lange, sondern packt Probleme an der Wurzel an. Als sie erstmals zu einem Vortrag auf den Benediktushof kam und ich ihr bei dieser Gelegenheit das Haus zeigte, fielen mir sofort ihr wissender Blick und ihre praktische Art auf, mit der sie Zusammenhänge, aber auch mögliche Probleme blitzschnell erkannte und klar benannte.

Sylvia Wetzel ist eine inspirierende Gesprächspartnerin, die in überzeugender Weise sowohl die buddhistische Sorge für das Wohl aller Wesen als auch die Ideale der Frauenbewegung von Schwesterlichkeit und Solidarität in sich zu vereinen und zu leben weiß.

📖 Buchempfehlungen

Sylvia Wetzel: *Das Herz des Lotus – Frauen und Buddhismus*, Frankfurt am Main: Fischer Verlag, 1999
- *Leichter leben, Meditationen über Gefühle*, Freiburg: Herder Verlag, 2007
- *Worte wirken Wunder*, Berlin: Theseus Verlag, 2007

Kontakt
www.sylvia-wetzel.de

Gespräch mit Sylvia Wetzel

im November 2007 in Ludwigsfelde bei Berlin

Sylvia, du bist einen Lebensweg gegangen, den ich als integrativ bezeichnen würde: Du warst in der 68er-Bewegung politisch aktiv, hast dich in der Frauenbewegung engagiert und dich dann auf den spirituellen Weg gemacht. Diese Etappen kennen nicht wenige Frauen deiner Generation, betrachten sie aber oft in einer Art Stufenmodell. Du scheinst das anders zu sehen und all diese Aspekte in dein jetziges Leben integriert zu haben. Magst du einiges über deinen Lebensweg erzählen?

Ich habe ein inneres Bild für diesen Weg: Mein soziales und politisches Engagement in der Zivilgesellschaft, das ist für mich der innere Kreis. Ich war schon in der Schule sozial engagiert und politisch motiviert und habe deshalb auch nach dem Abitur Politik studiert. Das Entdecken der Geschlechterdifferenz und mein Engagement für die Frauenbewegung ist für mich ein weiterer Kreis, der den inneren umschließt. Und der spirituelle Weg ist für mich der ganz große Kreis, der alles umfasst und somit die politische und soziale Frage ebenso wie die Frauenfrage in sich enthält. Für mich ist jede Phase eine Erweiterung auf dem Weg und nicht eine Stufe, die ich hinter mir lasse. Die Ansicht, Spiritualität wäre eine höhere Stufe in dem Sinn, dass der spirituelle Weg ein politisches und feministisches Engagement überflüssig mache, ist mir fremd. So etwas halte ich für Weltflucht und für ein falsches Verständnis von Transzendenz.

Im Mahayana-Buddhismus, den ich 1977 im indischen Dharamsala kennenlernte, habe ich eine Spiritualität gefunden, die meinem inneren Bild entspricht. Es ist eine Spiritualität mit Blick auf das, was in der Welt geschieht, und genau das gefällt mir so gut: dass wir den Weg des Erwachens zum Wohle *aller* Wesen gehen und nicht nur, damit es uns persönlich oder unserer Gruppe besser geht. Dieser weite Standpunkt überwindet das Lagerdenken, unter dem ich als politischer Mensch von Anfang an gelitten habe, denn da gab es immer andere, die Gegner waren, die nicht dazugehörten. Der spirituelle Weg hat diese Polarisierung aufgehoben, da in ihm alles eingeschlossen ist. Das ist mir immer noch das Wichtigste, und deshalb setze ich mich für »runde Tische« und für die Bildung von Netzwerken ein, im Buddhismus und in der Gesellschaft. Ich habe auch Erfahrungen in verschiedenen spirituellen Schulen gesammelt, denn eine Schule allein kann meiner Ansicht nach nicht die ganze Vielfalt des Weges zum Erwachen aufzeigen. Ich bin zwar im tibetischen Buddhismus ausgebildet, doch ich hatte und habe das Bedürfnis, auch andere Traditionen kennenzulernen. Ich »saß« einige Jahre bei der wunderbaren Rinzai-Zen-Lehrerin Prabhasadharma Roshi und habe später auch bei Ayya Khema den Theravada-Buddhismus studiert. Ich wurde relativ früh von meinem tibetischen Lehrer gebeten zu unterrichten, und ich wollte beim Lehren einen weiten Blick haben, den mir eine Schule allein nicht geben kann. Der Glaube, eine spirituelle Tradition könne alles in sich beinhalten, ist für mich Ausdruck einer Art Stammesdenken, von Feudalismus, und das ist in der heutigen Zeit einfach nicht mehr angemessen.

Du hast als buddhistische Lehrerin von Anfang an die Verbindung von Buddhismus und Christentum gesucht und bist eine wichtige und frühe Brückenbauerin des Buddhismus zur westlichen Kultur.

Ich habe immer eine Verbindung zu unserer westlichen Kultur und zum Christentum gehalten. Die europäische Aufklärung ist für mich etwas sehr Kostbares. Der Buddha war der große Aufklärer des Ostens, weil er alles infrage gestellt und den Menschen gesagt hat: »Glaubt nicht an die Tradition, nur weil sie Tradition ist. Prüft selbst!« Genau das war das Thema der Aufklärung, zumindest am Anfang, und ich möchte dieses Geschenk der Aufklärung nicht missen. Auch die Befreiungsbewegung der Frauen war und ist großartig, und die ökumenische Bewegung im Christentum ist es auch. Jede Religion kann einige Aspekte der Wahrheit gut beleuchten, doch keine Religion hat die ganze Wahrheit.

Was war der Auslöser dafür, dass dich deine Suche nach Indien und zum Buddhismus geführt hat?

Ich kann mich noch gut daran erinnern, wie wir Anfang der 70er in unserer Wohngemeinschaft an einem Weihnachtsfest »Siddhartha« von Hermann Hesse gelesen haben. Das hat mich unvermittelt und ganz tief drin getroffen und eine Saite in mir zum Klingen gebracht, die weder die politische Arbeit noch der Feminismus berührt hatten. Ich habe plötzlich gemerkt: Da ist noch etwas, das mir grundlegend fehlt. Nach zwei enttäuschenden China-Reisen bin ich 1977 für zwei Jahre nach Indien gegangen. Schon als ich am Flughafen in Kalkutta ankam, fühlte ich mich zu Hause. Fünf Tage später war ich in Dharamsala und begann dort, den Buddhismus zu studieren. Es war wie ein Nachhausekommen.

Aus welcher Quelle hat sich diese Heimkehr gespeist?

Ich war ein sehr spirituelles Kind und hatte als katholisches Mädchen einen leichten Zugang zur Transzendenz. Nach der Beichte habe ich mich immer leicht und rein gefühlt. Ich habe mit Hingabe kommuniziert und voller Inbrunst die Marienlieder in der Maiandacht gesungen. Auch in meiner Familie haben wir viel gemeinsam gesungen. Ich stamme aus einem liberal-katholischen Elternhaus, mit ein paar evangelischen Verwandten. Ich war fromm, aber in einer fröhlichen und unverkrampften Weise.

Ist es so, dass der tibetische Buddhismus mit seiner Liebe zu Ritualen, Weihrauch und Gesang an deinen katholischen Wurzeln »andocken« konnte?

Ganz bestimmt, diese Freude am Ritual und an Blumen und Weihrauch, an Bildern und Heiligen und Gesang, all das kenne ich aus meiner Kindheit. Und hinzu kam, dass ich wie verdurstet war. In meiner politischen Zeit hatte ich immer das Gefühl, dass etwas Wichtiges fehlt. Ich konnte aber nicht sagen, was es war. Heute weiß ich, dass das Leben in der Immanenz, in der Welt der Vielfalt, allein nicht ausreicht, wir brauchen auch die Transzendenz. Ich war wie ein trockener Schwamm – dürstend nach Spiritualität. Als ich in Dharamsala ankam, war es wie eine Befreiung.

Wie hast du deinen Lehrer Lama Yeshe kennengelernt?

Als ich 1977 in Dharamsala eintraf, habe ich gleich am ersten Tag eine Frau getroffen, die mich unter ihre Fittiche nahm. Eines Tages ging ich mit ihr spazieren, und wir trafen zwei tibetische Mönche, die sie kannte, und einer der beiden war Lama Yeshe. Wir kamen ins Gespräch, und er fragte mich, ob ich schon einen Lehrer habe. Als ich das verneinte, sagte er: »Dann komm in mein Zentrum nach Nepal.« Und das tat ich. Lama Yeshe war ein vitaler und kluger Tibeter mit einem unglaublichen Humor. Er war an unseren Ansichten und Erfahrungen interessiert, hat mit uns auf Augenhöhe geredet und sehr lebensnah gelehrt. Ich kann mich gut daran erinnern, wie er eines Tages ausrief: »I don't care about enlightenment and buddhism. I want to cope with my life day by day.« Seine Botschaft war, dass es darauf ankommt, die Lehren zu verstehen und in unserer Kultur umzusetzen. Er mochte die Herausforderung durch uns Hippies aus dem Westen, weil wir nicht einfach alles glaubten, sondern selbst verstehen wollten. Wenn er mit seinen einfachen englischen Worten Nicht-Dualität als das große Ganze erklärte, in dem das Herz seine schmerzhafte Zerrissenheit und Abgetrenntheit überwindet, verstanden wir alle, dass es sich dabei nicht um ein philosophisches Konzept handelt, sondern um ein Lebensgefühl von Verbundenheit und Einssein. Viele tibetische Lamas haben großes Vertrauen in unsere Erkenntnisfähigkeit, und das vermitteln sie uns auf ihre liebenswürdige Weise.

Ich habe bei Lama Yeshe eine sehr breite Ausbildung durchlaufen und schon bald bei seinen Kursen assistiert und Meditationen angeleitet. Er ist übrigens der einzige Lama, den ich kenne, der von sich sagte, dass er in seinem letzten Leben eine Frau war. Er hatte auch etwas total Mütterliches, er wollte immer wissen, ob wir genug zu essen und ein bequemes Bett hätten.

Mir fällt auf, dass ich vieles von dem, was du über Lama Yeshe sagst, ganz genauso über dich sagen könnte. Du hast auch eine sehr lebensnahe, vitale und humorvolle Weise zu lehren.

Ich möchte, dass die Leute wenigstens eine Übung mit nach Hause nehmen, wenn sie einen Vortrag von mir hören. Ich möchte ihnen etwas Handfestes mitgeben, damit sie üben können. Das tat Lama Yeshe auch.

Indem er euch unterrichtete, ist er zugleich auch zu einem frühen Brückenbauer des tibetischen Buddhismus in den Westen geworden.

Ja, er hat uns westlichen Hippies viel zugetraut. Er galt als »Hippie-Lama« und wurde von tibetischer Seite dafür auch sehr kritisiert. Der Dalai Lama hat sich aber hinter ihn gestellt und seine Arbeit öffentlich unterstützt. Lama Yeshe wurde erstmals 1974 in den Westen eingeladen, und in den Folgejahren entstanden durch seine Inspiration viele buddhistische Zentren in der ganzen Welt. Es gibt heute weit über hundert, und sie sind alle sehr unterschiedlich. Jedes Zentrum hat seinen eigenen Geschmack. Das gefällt mir gut.

Und du hast dann ein buddhistisches Zentrum in einem Dorf in Niederbayern gegründet. Und das bereits Anfang der 80er-Jahre! Wie ist es euch denn gelungen, als Buddhisten in dieser Hochburg des Katholizismus Fuß zu fassen?

Lama Yeshe war 1979 zum ersten Mal in Deutschland, und er gab einen Kurs gemeinsam mit Graf Dürckheim. 1980, bei seinem zweiten Besuch, hatten Schüler von ihm ein altes Schulgebäude erworben und stellten es als Zentrum zur Verfügung. Lama Yeshe lud daraufhin seinen Schülerkreis zum Essen ein und fragte, was jeder zum Aufbau dieses Zentrums beitragen könne. Als die Reihe an mir war, sagte ich, dass ich gut organisieren könne, woraufhin Lama Yeshe sagte: »Gut, dann wirst du die Leiterin des Zentrums.« So war ich praktisch über Nacht zu einem buddhistischen Zentrum gekommen. Wir sind dann ein halbes Jahr später in das Schulgebäude eingezogen und haben es mit geringen finanziellen Mitteln und großem Arbeitseinsatz renoviert. Wir drei Frauen, die das Zentrum primär getragen haben, kamen alle vom Land und konnten uns in die Mentalität der Menschen im Dorf leicht einfühlen. Wir haben schnell Kontakt mit den wichtigen Frauen im Dorf geknüpft. Es gab auch eine aus Schlesien stammende Messnerin, und die hat uns gleich gemocht. Bei der Frau im Edeka-Laden haben wir für das Zentrum eingekauft, und es wurde natürlich gerne gesehen, dass wir das Geld im Dorf ließen und nicht zum Supermarkt in der Stadt trugen. Nach Abschluss der Renovierungsphase luden wir das ganze Dorf zu einem Tag der Offenen Tür ein. Als die Dörfler Bilder und Statuen der Grünen Tara sahen, erklärten wir ihnen, dass sie so etwas wie die Maria des Buddhismus sei. Und unseren Meditationsraum erkannte die Messnerin sofort als »Hauskapelle«. Wir pflegten guten Kontakt zu unserem Nachbarn, dem ehemaligen Bürgermeister, sowie zum Pfarrer eines benachbarten Landkreises, der dem Dalai Lama in Ladakh begegnet war. Er hieß uns mit einem Brief willkommen: »Wenn Sie so nett sind wie der Dalai Lama, dann hat das Dorf einen großen Gewinn«, schrieb er. Das war im Dorf natürlich wichtig, dass dieser sehr bekannte Pfarrer uns mochte, er kam manchmal auf einen Kaffee vorbei, dann saßen wir auf der Terrasse, und das ganze Dorf bekam das mit. Das hat sehr zur Vertrauensbildung beigetragen. Wir Buddhisten wurden schließlich von den katholischen Dörflern um Gemüse für das Erntedankfest gebeten. Das haben wir gerne gestiftet. Und einmal habe ich mit dem ganzen Tara-Kurs an der Maiandacht in der Dorfkirche teilgenommen. Die Leute aus dem Dorf haben uns immer gegen Anfeindungen von außen verteidigt.

Das ist eine schöne Idee, den katholischen Dorfbewohnern Tara als die Maria des Ostens nahezubringen. In deinem Seminarprogramm hast du auch von Anfang an Buddhismus und Christentum, Buddhismus und Psychologie, Philosophie und Politik zusammengebracht.

Ich bin und bleibe ein politischer Mensch aus dem christlichen Abendland, und ich denke psychologisch und philosophisch. Ich suche gerne das Gemeinsame und bin nicht auf Konfrontation aus. Ich blicke immer auf das Verbindende und nicht auf das Trennende, dann kann man viel zusammen erreichen.

Und wann hast du angefangen, Buddhismus und Feminismus zusammenzubringen und Kurse für Frauen anzubieten?

Das erste Seminar für Frauen habe ich 1987 angeboten, da leitete ich das Zentrum bereits seit sechs Jahren. In diesen Jahren hatte ich mich weitgehend vom politischen und feministischen Kampf zurückgezogen und wollte einfach als Individuum praktizieren Ich bin mit dem Frauenthema bei meinen westlichen Kollegen und Kolleginnen lange Zeit auf taube Ohren gestoßen. »Klebst du immer noch an deiner Identität als Frau?«, wurde ich oft gefragt und meine Antwort lautete: »Und du findest es ganz normal, dass alle Dalai Lamas Männer sind?« Die tibetischen Lamas kommen aus einer anderen Kultur und sind erst vor Kurzem in die Neuzeit katapultiert worden. Denen kann ich solch ein Denken und Verhalten eher nachsehen, zumal die Tibeter uns Frauen alles lehren, was wir wissen möchten. Wenn du dich aufrichtig für die Lehren interessierst, ist es ihnen egal, ob du Mann oder Frau bist.

An meinem ersten Frauenkurs nahm eine Frau teil, die sich mit der Philosophie der Geschlechterdifferenz auskannte und mir einen Essay der französischen Philosophin und Psychoanalytikern Luce Irigaray in die Hand drückte mit dem Titel »Göttliche Frauen«. In diesem Essay nimmt Irigaray Ludwig Feuerbachs These auf, dass der Mensch einen Gott brauche, um ganz Mensch zu werden, und sagt sinngemäß: »Und eine Frau braucht eine Göttin, um ganz Frau zu werden.« Das hat mir sofort eingeleuchtet, denn ich kannte die Grüne Tara seit zehn Jahren und spürte ihren befreienden Einfluss auf mich. Die Philosophie der Geschlechterdifferenz hat mir das theoretische Rüstzeug an die Hand gegeben, den Buddhismus feministisch zu reflektieren.

Von Anfang an kamen sehr viele Frauen zu meinen Tara-Kursen. Frauen waren wie ausgehungert nach einem weiblichen Bild der Transzendenz. Buddhas sind Spiegel des Erwachens, doch wenn wir nur erleuchtete Männer sehen, was sagt uns dies als Frauen? Dass wir zu blöd sind zum Erwachen? Wenn wir eine weibliche Buddhagestalt, weibliche Bilder des Erwachens sehen, dann spiegeln diese unsere eigene Erleuchtungsfähigkeit wider. Frauen erhalten dadurch ein ganz neues Selbstvertrauen. Für viele Frauen aus der Frauenbewegung war die Grüne Tara das Tor zum spirituellen Weg, durch sie konnten sie sich mit dem Buddhismus anfreunden.

Weshalb zieht es so viele Frauen zum Buddhismus? Und was kann der Buddhismus westlichen Frauen geben, was das Christentum ihnen nicht geben kann?

Frauen stellen überall die Mehrheit der Praktizierenden, wenn man sie nicht aus Tempel und Kirche, aus Synagoge und Moschee aussperrt. Frauen finden im Buddhismus Lehrer und Lehrerinnen, die spirituelle Erfahrungen und Einsichten haben und nicht nur Dogmen und Rituale verwalten wie im Christentum. Hätte ich mit fünfzehn oder zwanzig einen christlichen Mönch oder Pfarrer oder gar eine Nonne mit Meditationserfahrung getroffen, die mir einen spirituellen Weg hätte weisen können, wäre ich vielleicht im Christentum geblieben. Doch die gab es zu dieser Zeit einfach nicht. Pater Lassalle hat da unglaublich viel angestoßen, als er zu Yamada Roshi nach Japan gegangen ist und dort Zen praktiziert hat. Deshalb gehen auch heute noch so viele Frauen zu den Buddhisten, weil es dort spirituell erfahrene Lehrer und Lehrerinnen gibt und nicht nur »Schriftgelehrte«. Auch schätzt und würdigt der Buddhismus beides, Erfahrung und Intellekt. Im Christentum wurde meine Intelligenz weder geschätzt noch herausgefordert. Wenn ich Fragen stellte, sagte man mir, ich solle nicht so viel fragen, sondern glauben: »Mädel, wenn du alles hinterfragst, bricht das ganze Gebäude zusammen«, sagte unser Stadtpfarrer zu mir. Im Buddhismus gibt es großen Respekt für die fragende, kritische Intelligenz, und sie wird im Zen durch paradoxe Fragen gezielt gefördert, bis du ihre Grenzen selbst erkennst. Und du bekommst bewährte Methoden gelehrt, um den Weg der Erfahrung zu gehen. Das ist für heutige Frauen auf der Suche nach Spiritualität wichtig. Der Buddhismus bietet intelligente und klare Lehren und wirksame Übungen. Und, im Vergleich zur katholischen Kirche, gibt es im Buddhismus sehr viel mehr Respekt vor Frauen. Ich wäre als Kind gerne Ministrantin geworden, doch das durfte ich damals nicht. Ich wäre vielleicht auch gerne Pfarrerin geworden, aber das geht bis heute nicht. Wir Frauen haben im Katholizismus keine Chancen, wir sollen nur fromm sein und zuhören. Der Buddhismus hingegen bietet Frauen ganz andere Möglichkeiten.

Nun ist der Buddhismus trotz all seiner Weite und Toleranz doch eine fast ausschließlich von Männern überlieferte Religion. Kann er den modernen Frauen des 21. Jahrhunderts tatsächlich in allen Bereichen gerecht werden?

Sicherlich nicht in allen, aber das kann keine Religion. Der Buddhismus hat allerdings im Gegensatz zum Christentum keine so fest gefügten und definierten Frauen- und Männerbilder. Hier geht es mehr um den einzelnen Menschen. Und wenn du als Individuum ein bestimmtes Interesse hast, wirst du gefördert. Inzwischen werden Frauen auch als Lehrerinnen und Meisterinnen autorisiert. Lama Yeshe zog starke Frauen und Feministinnen geradezu an. Er hat fähige Frauen sofort erkannt, geschätzt und gefördert. Er hatte keine Vorurteile und hat auf meine Bitte hin auch meine Freundin und mich als Paar gesegnet. Als wir ihn fragten, ob denn Homosexualität im Buddhismus nicht als unheilsame Sexualität gelte, rief er aus: »Wieso denn das? Gier, Hass und Verblendung sind negativ, doch was sollte negativ daran sein, wenn zwei Menschen sich lieben?«

Eines jedoch versäumt der Buddhismus – wie alle patriarchalen Lehren – bislang: Er reflektiert das Modell Mann nicht, das auch im Buddhismus hinter dem allgemeinen Menschenbild steht. Das Geschlecht des Mannes bleibt dadurch unsichtbar und bezieht genau daraus seine Macht.

Dann lass uns doch auch über die Männer reden. Was kann der Buddhismus deiner Ansicht nach den modernen Männern für ihre Befreiung aus festgefahrenen Rollenbildern bieten?

Das ist ein Thema, das mich zurzeit auch sehr beschäftigt. Es kommen immer mehr Frauen zu mir, deren Söhne Schwierigkeiten haben. Ich sag es jetzt mal überspitzt: Was mir auffällt, ist, dass die Töchter in der Regel ihren Weg machen, sie sind gut drauf, durchlaufen Schule und Ausbildung erfolgreich, doch die Jungs wissen oft nicht so recht, was sie machen sollen, sie hängen rum und haben wenig Lebensenergie und keine Visionen. Auch einigen Ehemännern, Freunden und Kollegen meiner Schülerinnen geht es nicht gut, sie haben Krisen und depressive Tendenzen. Davon berichten mir auch männliche Schüler.

Siehst du dies als eine Auswirkung der Frauenbewegung? Sind wir Frauen nun auch noch daran schuld, dass die Männer so orientierungslos sind?

Es hat sicherlich viel mit den Frauen zu tun. Allerdings gibt es kein Zurück. Bis zur Frauenbewegung meiner Generation wurden Männer nicht infrage gestellt. Sie wurden von den Frauen und der Gesellschaft vorbehaltlos unterstützt. Sie waren im Besitz von Status, Bewunderung und unangefochtener Macht. Und dann forderten die Frauen ihren Teil des Kuchens ein, und Männer bekamen nicht mehr diese Zuwendung, diese bedingungslose Unterstützung und Anerkennung von Frauen und von der Gesellschaft allgemein. Das heißt schlicht: Obwohl Männer immer noch privilegiert sind, werden sie heutzutage nicht mehr in dem Ausmaße bevorzugt, weder privat noch öffentlich, wie das früher der Fall war. Seitdem wissen sie nicht mehr so recht, wer sie sind. Daraus scheint eine zunehmende Depression zu resultieren. Die Unsicherheit der Männer hat das Patriarchat mit seiner Privilegierung der Männer all die Zeit zugedeckt und verkleistert. Dieser Weg scheint jetzt nicht mehr zu funktionieren, da spielen die Frauen nicht mehr mit. Das Ausmaß an männlicher Verunsicherung, das ich auf vielen Ebenen mitbekomme, erschüttert mich allerdings. Es gibt kaum Männer, die eine positive Vision von Männlichkeit verkörpern oder auch nur formulieren können.

Wenn ich mich in meinem Umfeld umblicke, würde ich sagen, dass der spirituelle Weg und die Anbindung an die Transzendenz Männern Stabilität gibt und sie zugleich mit ihrer eigenen Sensibilität in Kontakt kommen. Männer ebenso wie Frauen scheinen auf dem Weg, ganzheitlicher und ausbalancierter zu werden. Siehst du das ähnlich?

Ja. Ein buddhistischer Lehrer aus England hat folgende These formuliert: Frauen haben die Sensibilität außen und die Stärke innen, und die Männer haben die Stärke außen und die Sensibilität innen. Das finde ich als derzeitige Bestandsaufnahme zutreffend. Meine Schlussfolgerung daraus ist: Es gibt auf dem spirituellen Weg unterschiedliche Aufgaben für Männer und für Frauen. Männer müssen ihre Sensibilität wieder entdecken und Bodhicitta, Bezogenheit, Liebe und Mitgefühl entwickeln, ohne dabei ihre Stärke zu unterdrücken. Frauen müssen vor allem ihre innere Kraft und Stärke wieder entdecken, ohne dabei ihre Feinfühligkeit zu verlieren.

Männer auf dem spirituellen Weg müssen allerdings aufpassen, dass sie nicht auf den Intellekt abfahren und

sich von Titel und Kittel, von Wissen und komplexen Ausbildungen wie z.B. einer traditionellen Koan-Schulung
blenden und wieder in eine falsche Richtung leiten lassen.
Das ist eine große Falle für Männer, die Falle der Ich-Stärkung durch Wissen und Status. Wenn sie dieser Falle entkommen, können sie auf dem spirituellen Weg ihre Sensibilität entwickeln und eine neue Aufgabe in der Welt finden.
Dabei müssen sich Männer auf ihrem Weg gegenseitig unterstützen. Ich schlage meinen männlichen Kollegen schon
seit Langem vor, Kurse für Männer anzubieten. Doch die
sagen: »Das ist mir zu anstrengend mit Männern, oder zu
langweilig. Ich mag viel lieber mit Frauen arbeiten, das ist
viel angenehmer und bereichernder, und außerdem sind
die Kurse mit Frauen voller.« Ich werde in den nächsten
Jahren männliche Schüler von mir bitten, Meditationskurse
für Männer anzubieten. Männer brauchen genauso wie
Frauen Beziehungen zum eigenen Geschlecht, und zwar in
allen drei Dimensionen: horizontal, vertikal, transzendental. Sie brauchen horizontale Beziehungen zum eigenen Geschlecht, also Freunde, und das fehlt vielen Männern. Sie
brauchen vertikale Beziehungen zum eigenen Geschlecht,
Vorbilder und Lehrer, und transzendente Beziehungen zu
einem männlichen Göttlichen, zu männlichen Bildern des
Erwachens. Diese gibt es für Männer zu Genüge, das fehlt
in der Welt der Frauen. Meine These ist: Wenn die Beziehungen zum eigenen Geschlecht in diesen drei Dimensionen gut funktionieren, dann funktionieren sie auch zum
anderen Geschlecht. Es fällt auf, dass Männer selten gute
Freunde haben, während praktisch jede Frau Freundinnen
hat. Männern gelingt es kaum, mit einem anderen Mann
über Gefühle oder Spiritualität zu reden. Den Männern in
meinen Kursen rate ich, mit einem anderen Mann ein Zwei-

erteam zu bilden und sich nach dem Kurs noch einige Monate gegenseitig zu begleiten, sich auszutauschen und zum Üben zu motivieren.

Die derzeitige Verunsicherung der Männer könnte Ausgangspunkt für eine wirklich kreative Entwicklung werden. Daraus kann ihnen eine große Kraft erwachsen, so wie es bei uns Frauen in der Frauenbewegung ja auch war. Männer- und Frauenrollen sind bedingt und verändern sich kulturell, sozial und politisch ständig. Indem wir unsere Rollenbilder reflektieren, können wir unser Selbstbild verändern. Viele Männer wollen gar nicht immer den großen starken Mann spielen, sie sind auch gerne Vater und Partner und sind glücklich, wenn sie mit ihren Kindern zusammen sind. Das ist das Wunderbare an unserer Zeit, dass wir nicht mehr auf alte Modelle festgelegt sind. Wir können Neues ausprobieren und experimentieren.

Im Christentum gibt es auch von männlicher Seite eine große Marienverehrung, denken wir dabei nur an unseren Papst und seine große Liebe zur Mutter Gottes. Auch wenn hier eine Verzerrung des Weiblichen vorliegt, zeichnet sich darunter doch eine große Sehnsucht der Männer nach transzendenten Bildern der Weiblichkeit ab. Was können weibliche Figuren der Transzendenz Männern geben?

Im Christentum finden wir sehr eingeschränkte Entwürfe von Weiblichkeit. Die Spaltung der Frau in Heilige und Hure ist dafür typisch. Im Buddhismus haben wir die Grüne Tara, die Mutter aller Buddhas. Die Tara verkörpert die Komplexität weiblichen Lebens in all seinen Facetten. Das mag ich an Tara sehr. Sie ist friedlich und inspirierend, kraftvoll, streng und wild. Es gibt sogar zornige Taras, die

Unwissenheit ein für alle Mal vernichten. Der christlichen Maria fehlen einige dieser Eigenschaften, aber vielleicht kann man da noch etwas entdecken. Wenn Männer gute Beziehungen zum eigenen Geschlecht auf allen Ebenen haben, dann brauchen sie auch Beziehungen zum anderen Geschlecht, auf allen Ebenen, sie brauchen Freundinnen und Lehrerinnen und ebenso weibliche Bilder der Transzendenz, um ganz zu werden.

Was hat uns der Buddhismus im Hinblick auf eine zeitgemäße Ethik zu lehren? Wie können wir im 21. Jahrhundert traditionelle ethische Richtlinien für die moderne Zeit annehmbar und umsetzbar machen?

Von Kant habe ich gelernt, was natürliche Ethik ist. Dafür brauchen wir keine Spiritualität. Die goldene Regel der natürlichen Ethik lautet in allen Kulturen: »Was du nicht willst, dass man dir tu', das füg' auch keinem anderen zu.« Das bedeutet nach Kant, dass wir Regeln aufstellen, von denen wir nicht wollen, dass deren Gegenteil Gesetz wird. Selbst ein Dieb will nicht, dass Stehlen Gesetz ist. Das ist natürliche Ethik. Der Dalai Lama nennt das »säkulare Ethik«. Dazu braucht man kein spirituelles System, das findet man im Zusammenleben mit Menschen heraus. Daher wird es natürliche Ethik genannt.

Und diese natürliche Ethik findet man in religiösen Gesellschaften ebenso wie in säkularisierten?

Ja, in allen Gesellschaften. Niemand will, dass Lügen, Stehlen und Töten Gesetz ist. Selbst wenn wir aus »Gier, Hass und Verblendung« die anerkannten Regeln verletzen, wollen wir trotzdem nicht, dass das Gesetz wird. Der Dalai Lama sagt: »Die säkulare Ethik fördert angenehme Gefühle und reduziert unangenehme Gefühle für mich und die anderen. Und das ist gut für das menschliche Zusammenleben.« Ich denke, man kann sich mit fast allen Menschen auf diese natürliche Ethik verständigen. Darüber hinaus gibt es jedoch eine andere Ethik, die Ethik der Befreiung, wie es der Dalai Lama formuliert. Mit der Ethik der Befreiung beginnen wir, unsere Sichtweisen und emotionalen Muster zu untersuchen und zu erkennen, wie sie uns im täglichen Leben einschränken, wie wir uns mit ihnen gegen andere Menschen verteidigen und sie verletzen. Wir können nicht von allen Menschen fordern, dass sie dieser Befreiungsethik folgen. Wir können in einer Gesellschaft das Befolgen der säkularen Ethik fordern, weil sie gut für das Zusammenleben der Menschen ist. Ob jemand jedoch an sich selbst arbeiten möchte und erwachen will, das kann die Gesellschaft nicht fordern, das muss man selbst wollen.

Du unterscheidest in Anlehnung an den Tiefenpsychologen und Jung-Schüler Erich Neumann zwischen alter und neuer Ethik. Während die alte Ethik asketische Züge aufweist und sich der bewussten Unterdrückung negativer Tendenzen bedient, setzt eine neue Ethik auf die Erkenntnis und bewusste Integration der menschlichen Gesamtnatur. Wie sieht eine neue Ethik für dich aus?

Man kann leicht zwischen alter und neuer Ethik unterscheiden, wenn man sich die Entwicklung des Menschen vom Kind zum Erwachsenen anschaut. Solange ein Kind die Folgen seines Handelns nicht abschätzen kann, braucht es die alte Ethik. Das sind die Regeln, die Eltern ihrem Kind beibringen und die das Kind befolgen muss, da es noch nicht um die Folgen seines Tuns weiß. Die alte Ethik funktioniert, wenn das Kind begreifen lernt, welche Auswirkungen sein Handeln hat. Wenn Jugendliche oder Erwachsene das nicht kapieren, muss die Gesellschaft dafür sorgen, dass die alte Ethik eingehalten wird. Das heißt, wir brauchen die alte Ethik immer für die Menschen, die die Folgen ihres Handelns nicht erkennen können, sei es, weil sie unreif, emotional gestört oder verwirrt sind. Die alte Ethik funktioniert so lange, wie wir negative Impulse bewusst unterdrücken. Wenn wir anfangen, sie aus Angst zu verdrängen, wird es gefährlich, denn wir stecken mit unseren verdrängten Seiten andere an.

Die Grundzüge einer neuen Ethik kann man so zusammenfassen: »Wenn du ganz werden willst, dann musst du fähig werden, eigene Entscheidungen zu treffen und die Verantwortung auch für deine unbewussten Seiten zu übernehmen.« Wir finden Entsprechungen der alten und neuen Ethik auch im Buddhismus: Da gibt es die kollektive Ethik des frühen Buddhismus, des Hinayana. Und es gibt die Ethik der Motivation und des Mitgefühls im Mahayana. Die alte Ethik des Hinayana verordnet kategorisch: »Du darfst nicht lügen«, die neue individuelle Ethik des Mahayana fragt: »Warum lügst du?« Bewirkt die Lüge etwas Gutes oder etwas Schlechtes? Das hängt von der Motivation ab, und ob die positiv ist, weiß letztlich nur ich selbst. Und wenn ich lüge, kann ich dies durchaus aus Mitgefühl tun, etwa weil ich jemanden schützen möchte. Lama Yeshe hat das mit einem einfachen Beispiel erklärt: »Wenn jemand mit einem Gewehr kommt und nach Lama Yeshe fragt, weil er ihn erschießen möchte, ist es gut, wenn ihr lügt, denn damit schützt ihr mein Leben.«

Das bedeutet, wenn ich ein reifer und verantwortlicher Mensch werden möchte, muss ich manchmal gegen die kollektive Ethik verstoßen. Das erfordert mein eigener Reifungsprozess als Mensch. Ich muss vielleicht aus einer Beziehung, aus einer Ehe herausgehen und damit ein Versprechen brechen, weil mich die Beziehung am Wachsen hindert. Der Wunsch nach Scheidung entsteht oft dann, wenn Menschen nicht mehr miteinander wachsen können. Ich muss manchmal das kollektiv Verurteilte tun, um mir selbst treu zu bleiben. Das ist Teil einer neuen Ethik. Wenn wir uns ausschließlich an die alte Ethik halten, ist das zwar relativ einfach, denn wir befolgen einfach die Buchstaben des Gesetzes, aber wir wachsen nicht weiter. Die neue Ethik ist anspruchsvoller. Denn ihr geht es um dein Motiv und um deine spirituelle Entwicklung, und das ist immer etwas Individuelles. Und es kann natürlich sein, dass du mit deinem Verhalten andere irritierst, die nur mit der alten Ethik leben. Für unser Leben in der Gesellschaft bedeutet das, dass wir aus Mitgefühl und Rücksicht für die anderen und für jede neue Generation die alte Ethik lehren und leben müssen und dabei einander nicht daran hindern dürfen, erwachsen und reif zu werden. Dafür ist im Buddhismus die Lehrer-Schüler-Beziehung sehr wichtig, und ganz besonders helfen Gespräche mit Mitübenden und Gleichgesinnten, die diese inneren Konflikte kennen.

Im Buddhismus werden ethische Richtlinien und Empfehlungen gelehrt, an denen die Übenden überprüfen können, ob und wie sie wachsen. Es gibt andere spirituelle Traditionen, die die Ethik in der Erfahrung verorten und sagen: Wer tiefe Erleuchtungserfahrungen macht, kann gar nicht anders, als ethisch handeln. Was ist deine Meinung dazu?

Es gibt spirituelle Schulen, die Erfahrung, Einsicht oder Weisheit überbetonen und dabei dem konkreten Verhalten zu wenig Aufmerksamkeit schenken. Eine Erleuchtungserfahrung zu haben bedeutet nicht, dass damit plötzlich all deine biografischen Muster und schlechten Angewohnheiten weg sind. Deine Verhaltensmuster werden durch die Erleuchtungserfahrung nicht verändert, die kannst du nur durch ethisches Verhalten verändern. Noch so viele Einsichten in die wahre Wesensnatur verändern nicht automatisch deine Muster. Das sieht man bei manchen buddhistischen Lehrern sehr deutlich. Sie mögen anerkannte Erleuchtete sein und 27 Satori-Erfahrungen gemacht haben, doch wenn sie Machos sind und nicht daran arbeiten, dann bleiben sie das auch. Die Muster bleiben, und deshalb ist es auf dem spirituellen Weg unabdingbar, ethischen Regeln zu folgen, um die Folgen unseres Handelns auf andere immer genauer zu erkennen. Nehmen wir das Beispiel der zehn Bodhisattva-Stufen im Buddhismus. Mit der ersten tiefen, nicht-begrifflichen Einsicht in unser wahres Wesen, in Buddha-Natur, betreten wir die erste Bodhisattva-Stufe. Danach üben wir uns weiter in den sechs oder zehn sogenannten Perfektionen, in Ethik und Großzügigkeit, in Geduld und Ausdauer, in Meditation und Weisheit usw. Wir üben das zum Wohle aller Wesen. Für unser eigenes Glück reicht die Einsicht, zum Wohle der anderen reinigen wir Herz und Geist und entwickeln viele gute Fähigkeiten. Dabei müssen wir immer wieder die eigene Haltung überprüfen. Wir dürfen die Erfahrung der Leerheit nicht benutzen, um uns vor der Arbeit an den eigenen Mustern zu drücken. Meine Zen-Lehrerin sagte einmal: »Der einfachste Teil des Weges sind die Erleuchtungserfahrungen. Der härteste und anspruchsvollste Teil des Weges ist die Integration der Erleuchtungserfahrungen in den Alltag.« Die wirkliche Arbeit besteht in der Umsetzung dessen, was wir erfahren und erkannt haben. Das ist die Übung im Alltag.

Es gibt Unterschiede zwischen der Welt der Immanenz und der Transzendenz, die durch die Erfahrung ihrer Einheit nicht einfach aufgehoben werden. In unserem alltäglichen Leben ist es ausschlaggebend, was wir tun. Denn es gibt Recht und Unrecht in der Welt. Es gibt jemanden, der tötet, und es gibt jemanden, der getötet wird. Und solange ich als Mensch in dieser Welt lebe, muss ich mit diesen Dualitäten gut und konstruktiv umgehen, auch nach einer tiefen Einsicht in die Nicht-Dualität. Auch nach einer Einheitserfahrung, in der Recht und Unrecht, Gut und Böse als nicht mehr getrennt voneinander erlebt werden.

Mit der Symbolik des Kreuzes kann man die Aufgabe des Menschseins gut verdeutlichen: Der horizontale Balken steht für die Welt der Vielfalt, die Welt der zehntausend Dinge, und der vertikale Balken für die Welt der Transzendenz, der Einheit jenseits von Zeit und Raum. Dort, wo die beiden Balken sich treffen, ist der Ort des Menschen. Wir leben in beiden Dimensionen und können keine gegen die andere ausspielen, wir dürfen keine vernachlässigen. Die Erfahrung der Transzendenz schenkt uns Einblick in die essenzielle Verbundenheit mit allen und allem, und das gibt uns die Kraft und den Mut und die Ausdauer, mit unseren Ansichten, Verhaltensmustern und Emotionen zu arbeiten, schlechte Gewohnheiten abzubauen und viele gute Fähigkeiten zu entfalten – und das zum Wohle *aller* Wesen.

Alle **spirituellen Wege** führen
in die Weltverantwortung

Willigis Jäger

»Wer bin ich? Weshalb bin ich hier? Wohin gehe ich?« Dies sind für Willigis Jäger die entscheidenden Fragen im Leben eines jeden Menschen. Schon früh und mit großer Macht traten diese Fragen in sein eigenes Leben und forderten von ihm ihre Beantwortung ein. Sie führten ihn zu der Entscheidung, ins Kloster einzutreten, Theologie zu studieren und Priester zu werden.

Nach einigen Jahren der Lehrtätigkeit in der Benediktinerabtei Münsterschwarzach erhielt er die Gelegenheit, seinem inneren Ruf zu folgen und seine Aufgaben inmitten der Welt und im tätigen Dienst an seinen Mitmenschen zu verrichten. Als langjähriger Bildungsbeauftragter der Hilfswerke Missio und Misereo bereiste er viele Länder dieser Erde und setzte sich mit großem persönlichen Einsatz für eine gerechtere Welt ein. Da er nicht davor zurückschreckte, die wirtschaftliche Ausbeutung der Entwicklungsländer seitens des Westens zu thematisieren, eilte ihm schon bald der Ruf des »roten Paters« voraus. Soziale Verantwortung und das Engagement für eine bessere Welt sind für ihn bis heute unabdingbarer Bestandteil des eigenen Lebens und Ausdruck des spirituellen Weges. Wer eine wirkliche mystische Erfahrung macht, erfährt eine tiefe Liebe zu allem und jedem. Aus dieser Verbundenheit heraus erwächst dem Menschen der innere Auftrag, sich für seinen Nächsten und die Umwelt einzusetzen. Davon ist Willigis Jäger zutiefst überzeugt, und das bringt er den Menschen in seinen zahlreichen Kursen und Vorträgen engagiert nahe.

Seine eigene spirituelle Suche führte den Benediktiner in den 70er-Jahren nach Japan. Dort unterzog er sich unter der Führung seines Meisters Yamada Roshi einer intensiven, langjährigen Zen-Schulung. In dieser Zeit erkannte er, was für sein weiteres Leben richtungsweisend und von ausschlaggebender Bedeutung werden sollte: Die mystischen Wege des Ostens und des Westens verfügen über die gleiche Grundstruktur, sie führen alle zum gleichen Ziel und übersteigen letztlich jede Konfession.

Für den katholischen Priester stellte es daher keinerlei Widerspruch dar, als er 1996 seitens des buddhistischen Abtes der Sanbo-Kyodan-Schule eine Beauftragung als Zen-Meister erhielt.

Nach seiner Rückkehr aus Japan übertrug ihm sein Orden 1983 die Leitung des Hauses St. Benedikt in Würzburg, das er in den folgenden Jahren zu einem weithin bekannten spirituellen Übungszentrum machte. Er selbst wurde zum Wegbegleiter vieler Menschen, hielt Zen-Kurse ab und begann gleichzeitig damit, christliche Kontemplation als spirituellen Übungsweg zu lehren. Die Wiederbelebung des kontemplativen Weges, der im Christentum lange in Vergessenheit geraten war, ist zu einem großen Teil der Aktivität Willigis Jägers zu verdanken. Hierfür gründete er in den 80er-Jahren die Würzburger Schule der Kontemplation, der mittlerweile mehr als 100 autorisierte Kontemplationslehrer und -lehrerinnen angehören.

Willigis Jäger ist von seinem Naturell her ein Initiator, ein Gründer, dem es dank seiner charismatischen Ausstrahlung mühelos gelingt, Menschen für wichtige Projekte zu begeistern. Im Alter von fast 80 Jahren gründete er den Benediktushof in Holzkirchen, der mittlerweile zu einem der größten spirituellen Zentren Europas geworden ist. Hier lebt und wirkt er seither. Mit 82 Jahren gründete er die Stiftung »West-Östliche Weisheit – Willigis Jäger Stiftung«, in der er die Zusammenführung seines Lebenswerkes erblickt. Er ist geradezu ein Whirlpool an Visionen und kreativen Ideen, deren tatkräftige Umsetzung er voller Elan vorantreibt. Ein Innehalten und Ausruhen auf dem Erreichten kennt er nicht, denn mit jedem erreichten Ziel bricht er umgehend zu neuen Ufern auf. Diese rastlose Schaffenskraft ist der Nährboden unzähliger Projekte, die durch ihn angestoßen und ins Leben gerufen wurden. Fast unnötig zu erwähnen, dass die Zusammenarbeit mit diesem dynamischen und beweglichen Geist größtmögliche Flexibilität erfordert, denn Entscheidungen werden von ihm spontan und intuitiv gefällt, und was gestern noch galt, kann morgen bereits überholt sein. Wer erfahren möchte, was ein Leben im Augenblick bedeutet, ist gut beraten, die Nähe dieses Lehrmeisters zu suchen!

Fast schon legendär ist die Schnelligkeit dieses Mannes, der anderen immer einige Schritte voraus ist. Mit Willigis muss man entweder Schritt halten oder man verliert ihn – eine Erfahrung, die ich auf Flughäfen und in überfüllten Bahnhofshallen wiederholt machen musste. Er ist ein Mensch, der zielgerichtet nach vorne blickt und dem ein Zurückschauen fremd ist. Flankiert wird diese Schnelligkeit von einer eisernen Selbstdisziplin und einer außergewöhnlichen Willensstärke, die ihn dazu befähigen, sein immenses tägliches Arbeitspensum zu bewältigen, ohne dabei an innerer Gelassenheit zu verlieren. Dass es sich bei dem biologischen Alter eines Menschen um eine gänzlich relative Größe handelt, auch das beweist Willigis tagtäglich. Seine Energie scheint unerschöpflich und gleicht einer Naturgewalt, von der niemand unberührt bleibt – sie erschüttert, bewegt und löst in anderen Menschen immer etwas aus.

Mich selbst hat von der ersten Begegnung an besonders sein Mut berührt und beeindruckt. Als ich vor einigen Jahren erstmals einen Vortrag von ihm besuchte, entschuldigte er sich in der überfüllten Würzburger Kirche öffentlich für das Unrecht, das Frauen seitens der Kirche erfahren haben. Dieser Mut, offen seine Überzeugungen zu vertreten, blieb jedoch nicht ohne Folgen und brachte den Benediktiner zunehmend in Schwierigkeiten mit der Kirche, die ihn 2002 öffentlich maßregelte und »zum Schutze der Gläubigen« mit einem Redeverbot belegte. Was macht diesen Mann für die Institution so gefährlich? Und weshalb glaubt sie, die Menschen vor ihm schützen zu müssen?

Willigis Jäger ist zweifelsohne ein unbeugsamer Geist. Er geht seinen Weg unbeirrt und aufrecht und nimmt für seine Überzeugungen unliebsame Konsequenzen in Kauf. Ein Diplomat war er noch nie – dafür ist seine Rede zu direkt, seine Worte zu offen, sein Verhalten zu unberechenbar. Er ist ein Mystiker und als solcher naturgemäß ein Dorn im Auge der Kirche. Mystiker berufen sich seit jeher auf die Autorität ihrer eigenen Erfahrung, die oft nicht in Einklang mit den Lehrmeinungen der Institution zu bringen ist. Das Redeverbot seitens der römischen Glaubenskongregation hat der Benediktiner nicht angenommen, er spricht und lehrt bis heute weiter. »Ich würde mir selbst untreu werden und gegen meine innersten Überzeugungen und mein Gewissen handeln«, schrieb er in der Zeit der Entscheidung in sein Tagebuch. Für viele Menschen ist er aufgrund seines integren und mutigen Handelns zum Hoffnungsträger einer zeitgemäßen und transkonfessionellen Spiritualität geworden, die weltoffen, aufgeschlossen und unabhängig von Religion und Kirche den Menschen in die Erfahrung dessen führt, wer er wirklich ist.

In den vergangenen Jahren ist ihm die Zusammenführung und Vereinigung der spirituellen Wege zu einem integralen Weg, der sogenannten westöstlichen Weisheit, zunehmend wichtig geworden. Dieser Übungsweg beinhaltet den Kern der Mystik aus West und Ost und ist von dem Wissen gespeist, dass die spirituellen Wege der Religionen der gleichen Grundstruktur folgen. Erklärtes Anliegen von Willigis Jäger ist es, all den Menschen eine spirituelle Heimat zu bieten, die sich in den traditionellen Formen der Religionen nicht mehr aufgehoben fühlen. Er zeigt Wege in eine zeitgemäße globale Spiritualität auf und strebt eine Interpretation der alten Weisheitslehren an, die dem Weltbild des 21. Jahrhunderts gerecht werden. Hierfür werden von ihm die christlichen Glaubensinhalte und die Heilige Schrift ebenso zeitgemäß gedeutet wie die traditionellen Koans und Lehrgeschichten aus dem Zen. Dass er hierbei immer wieder die Kritik dogmatischer Christen und traditioneller Zen-Praktizierender auf den Plan ruft, ist nicht verwunderlich. Für viele andere Menschen ist er jedoch gerade aufgrund seiner integrativen und toleranten Grundhaltung zu einem Inbegriff westöstlicher Weisheit geworden.

Ich selbst verdanke Willigis viel. Die vergangenen Jahre mit ihm haben mich tief geprägt, mich viel gelehrt, mich reich gemacht an menschlichen und spirituellen Erfahrungen. Sie haben mich zu der Erkenntnis geführt, dass wir alle immer schon weit mehr sind, als wir je zu glauben wagten.

📖 **Buchempfehlungen**

Willigis Jäger: *Die Welle ist das Meer,* Freiburg: Herder Verlag, 2000
- *Das Leben ist Religion,* München: Kösel Verlag, 2005
- *Westöstliche Weisheit – Visionen einer integralen Spiritualität,* Berlin: Theseus Verlag, 2007

Kontakt
www.willigis-jaeger.de

Gespräch mit Willigis Jäger

am 28. 2. 2008 am Benediktushof

Willigis, du kannst auf ein Leben zurückblicken, das reich ist an Erfahrungen, ein Leben, das viele Aufbrüche, unterschiedlichste Lebensetappen und auch notwendige Abschiede beinhaltet. Die Frage nach dem Sinn des Lebens hat sich dir bereits frühzeitig gestellt und dich in jungen Jahren auf den spirituellen Weg geführt. Was waren für dich die Beweggründe, mit 21 Jahren ins Benediktinerkloster einzutreten?

Gott war für mich das Leben, und dem Menschen aus dieser Überzeugung heraus zu dienen war der Inhalt meines Lebens. Ich war fromm, aber nicht in einer bigotten Weise, sondern im Sinne einer tiefen Hingabe an diese Urwirklichkeit Gott, mit der ich in Verbindung stand. Im Alter von fünf Jahren hatte ich eine erste mystische Erfahrung, die meine Ichgrenzen überstieg. Auch wenn ich das, was damals geschah, nicht begreifen konnte, wurde diese Erfahrung für mich doch zur Leitlinie meines Lebens. Daher war es für mich naheliegend, mein Leben Gott und meinen Mitmenschen zu widmen. In der damaligen Zeit war ich überzeugt, dass ich dies nur im Kloster tun könnte. Deshalb bin ich eingetreten.

Würdest du es aus deiner heutigen Erfahrung auch noch so sehen, dass man Gott am besten durch ein monastisches Leben dienen kann?

Das Kloster ist und bleibt ein Ort der absoluten Hingabe. Wer in ein Kloster eintritt, verzichtet bewusst auf sehr vieles. Deshalb ist dies ein Entschluss, der einen Menschen auch heute noch bewegen kann. Ob ich es selbst noch einmal tun würde, weiß ich nicht. Heute ist mir klar, dass ich mich dieser Urwirklichkeit Gott und dem Dienst an den Menschen auch anheimgeben kann, ohne dafür ins Kloster gehen zu müssen. Ich kann dies in jeder Situation und in jeder Position tun, in der ich mich als Mensch befinde. Auf der anderen Seite bedeutet das Kloster auch eine gewisse Freiheit, denn man muss nicht für eine Familie aufkommen, nicht seinen Lebensunterhalt bestreiten und für das Alter vorsorgen. Das Kloster ist eine Gemeinschaft, die dem Menschen Schutz und Rückhalt gibt und damit eine gute Basis für die pastorale Arbeit bildet.

Du selbst hast eigentlich die wenigste Zeit deines Lebens im Kloster gelebt, sondern hast deine Aufgaben meist außerhalb der Klostermauern gefunden.

Ich hatte sehr viele Aufgaben außerhalb der Abtei, fühlte mich aber der Abtei immer zugehörig und verbunden. Meine Arbeit für den Bund Katholischer Jugend, meine Aufgaben für Missio und meine Zeit in Japan sind im Auftrag des Klosters erfolgt. Auch das Haus St. Benedikt, das der Abtei Münsterschwarzach gehört, leitete ich 20 Jahre in deren Sinne. Selbst wenn mich meine Aufgaben die meiste Zeit aus dem Kloster hinausgeführt haben, war ich mir doch immer meiner Zugehörigkeit bewusst.

Aus deinen Erzählungen weiß ich, dass du schon sehr früh den Ruf zum Missionsbenediktiner gespürt hast.

Ja, ich war immer der Überzeugung, dass das Christentum den Menschen etwas zu geben hat, dass es der Menschheit dienen und darüber hinaus jedem Einzelnen etwas anbieten kann, was sein Leben erfüllt und deutet. Mir selbst gab das Christentum damals eine Antwort auf die Urfrage des Menschen: Wer bin ich? Inzwischen interpretiere ich mein Christsein allerdings anders als zu jener Zeit.

Du hast viele Jahre bei Missio und Misereor gearbeitet und dabei als Bildungsbeauftragter Entwicklungsprojekte in der ganzen Welt besucht. Du hast dir in dieser Zeit auch den Ruf eines »roten Paters« erworben. Wofür hast du dich in dieser Zeit vor allem engagiert?

Für mich war es ganz entscheidend, die Entwicklung in der sogenannten Dritten Welt voranzutreiben. Ich bin dadurch mit meinen Predigten und Vorträgen in Deutschland öfters angeeckt, weil ich mich sehr für eine gerechte Verteilung und für wirtschaftliche Reformen einsetzte. Ich habe mich auch gegen das Almosengeben ausgesprochen. Nicht, um zu verhindern, dass Menschen großzügig spenden, sondern um darauf hinzuweisen, dass die Probleme nicht durch Almosen zu lösen sind, sondern nur durch eine uneigennützige Unterstützung der Wirtschaft vor Ort. Die Arbeit an der »Graswurzel« war mir wichtig, um die Menschen zur Selbsthilfe zu bewegen.

Mission bedeutet für Benediktiner immer auch die Hebung des Lebensstandards und die Sorge für die Entwicklung des ganzen Menschen. Meine Mitbrüder in den Ländern, in denen wir tätig waren, waren zum großen Teil Handwerksmeister, und sie gingen in die Mission, um die jungen Menschen dort ein Handwerk zu lehren. Wenn diese dann ihr Handwerk beherrschten, bekamen sie meistens eine Ausstattung, damit sie sich eine Existenz aufbauen konnten. Der Missionsauftrag ist immer ein Auftrag für den ganzen Menschen, dem es zu helfen gilt.

Wie siehst du die Entwicklung in diesen Ländern, wenn du heute auf die Welt blickst?

Die Wirtschaftsgipfel der letzten Jahre haben deutlich gezeigt, dass die armen Länder nach wie vor den Kürzeren ziehen. Die Überflutung dieser Länder mit Billigprodukten aus Europa und den USA zerstört deren eigene Entwicklung. Mit den subventionierten Billigwaren, die aus dem Ausland importiert werden, können die heimischen Produkte nicht konkurrieren. Nach wie vor sind die wirtschaftlich starken Nationen nicht dazu bereit, die ärmeren Länder so zu unterstützen, dass diese sich aus sich selbst heraus ernähren könnten. Den reichen Ländern geht es um ihren eigenen Vorteil, und das schließt leider nicht aus, dass sie selbst die Entwicklungshilfe noch zu einem Geschäft machen. Das widerspricht natürlich jeder echten humanitären Hilfe.

Du hast in all diesen Jahren ein sehr aktives Leben geführt, warst unablässig unterwegs und hast überall Projekte angestoßen und betreut. Wie kam es zu deiner Entscheidung, dich auf einen kontemplativen Weg zu machen? Was war hierfür der Anlass?

Der Auftrag, für die Menschen da zu sein und ihnen zu helfen, war schon immer die Mitte meines Lebens. Er begleitet mich mein ganzes Leben bis zum heutigen Tag. Der Mensch ist für mich das Entscheidende – und deswegen blicke ich in meiner Arbeit immer darauf, wie ich dem Menschen nützen kann. Bei aller Aktivität war auch die kontemplative Praxis stets ein wesentlicher Bestandteil meines Lebens. Ich habe die Fähigkeit, viele Dinge zu tun, aber ich habe auch die Fähigkeit, dann nach innen zu gehen, die Arbeit ruhen zu lassen, um selbst wieder zur Ruhe zu kommen. Es hilft mir, aus dieser Ruhe heraus tätig zu sein.

Als mein Kloster 1975 in Japan eine Niederlassung gründete, meldete ich mich, weil ich dadurch bei einem buddhistischen Meister, den ich damals schon seit drei Jahren kannte, den Zen-Weg intensiv gehen konnte. Ich hatte nach Jahren des Tätigseins im Außen nun die Gelegenheit, mich wieder verstärkt dem kontemplativen Element zu widmen. Man ließ mich bei Missio nicht gerne ziehen, denn ich hatte vieles aufgebaut, doch ich fand einen guten Nachfolger, sodass ich ruhigen Gewissens gehen konnte.

Du bist bei zwei wichtigen Männern in die »spirituelle Schule« gegangen. Pater Lassalle, der das Christentum für den Zen-Weg geöffnet hat, und Yamada Roshi, der Zen als einen Weg, der auch Christen zugänglich ist, gelehrt hat. Beide waren Brückenbauer und haben Grenzen geöffnet. Was hast du von ihnen gelernt?

Bei Pater Lassalle machte ich einige Sesshin und organisierte für ihn auch einen Kurs in München. Mein Kontakt zu ihm war jedoch nie sehr intensiv. Wir haben uns menschlich zwar gut verstanden, doch es war keine besondere innere Verbindung zwischen uns. Pater Lassalle war ein hochspiritueller Mensch, der sein Leben der Verbreitung des Zen gewidmet hat. Nach seinen Erfahrungen in Japan war er davon überzeugt, dass Zen für Christen wichtig wäre, um ihnen einen spirituellen Weg aufzuzeigen. Er sah im Zen einen Weg, der dem Christentum dienen könnte. Er hatte dabei weniger die Wiederbelebung der Kontemplation und der christlichen Mystik im Auge. Für mich hingegen stellte Zen schon immer eine Parallele zur christlichen Mystik dar. Ich versuchte daher, beide Wege nebeneinander zu lehren.

In meiner Zeit in Japan durfte ich erfahren und erkennen, dass alle spirituellen Wege die gleiche Grundstruktur haben. Es geht auf all diesen Wegen um die Zurücknahme der Ichaktivität, sodass etwas auftauchen kann, das hinter dem Ich verborgen liegt. Als Christen nennen wir es »Reich Gottes«, Zen spricht von »Leerheit« und »Satori«. Der Mystiker Johannes vom Kreuz bezeichnete diesen Hintergrund als »Nichts« – das soll nicht heißen, dass da nichts wäre, sondern dass dieser Hintergrund, den ich ebenso als Fülle bezeichnen kann, eine Qualität besitzt, die nicht beschrieben werden kann. Wer wirklich »durchbricht« zu diesem Hintergrund, sieht und deutet Wirklichkeit anders als zuvor.

Mein Lehrer Yamada Roshi war ein weiser Mensch, der klar erkannte, dass Zen am Ende mit dem Buddhismus als Konfession nichts mehr zu tun hat. Zen führt über jede Konfession hinaus. Es kann aber jeder Religion eine Prägung geben, die zum Eigentlichen führt, zu einer Wahrheit, die weit mehr ist, als in Dogmen und Glaubensbekenntnissen verkündet wird. Yamada Roshi war ein Brückenbauer hin zu einer transkonfessionellen Spiritualität. Noch sein Vorgänger hatte geglaubt, dass ein Christ niemals Kensho erfahren, also eine transpersonale Erfahrung machen könnte.

Für mich war diese Zeit in Japan eine ganz entscheidende Spanne meines Lebens. Ich praktizierte Zen sehr intensiv und viele Stunden am Tag. Einige Zeit lebte ich auch in einer buddhistischen Einsiedelei. Die Erfahrungen dieser Jahre gaben mir die wahren Antworten auf die uralten Menschheitsfragen nach dem Sinn des Lebens.

Wie hast du diese spirituellen Erfahrungen umgesetzt, als du nach sechs Jahren nach Deutschland zurückkehrtest?

Als ich aus Japan zurückkam, versuchte ich den Zen-Weg möglichst losgelöst von jeder Konfession zu lehren. Ich begann gleichzeitig damit, den kontemplativen Weg des Christentums zu lehren. Im Grunde geht es auch diesem um die gleiche Erfahrungsebene. Die Erfahrung führt über das religiöse Bekenntnis hinaus, was jedoch nicht heißt, dass man aus seiner Religion aussteigen müsste. Diese spirituellen Wege führen, wenn sie richtig gelehrt werden, alle auf den gleichen Gipfel – zur Erfahrung der Wirklichkeit.

Du selbst hast nach deiner Rückkehr aus Japan zunächst noch ein weit strengeres und ritualisierteres Zen gelehrt als heute. Wer dich über die Jahre hinweg beobachtet, stellt fest, dass sich dies verändert und dass du Zen zunehmend in den westlichen Kulturkreis einpasst. Bist du auf dem Weg zu einem »Zen im Westen«?

Zen ist Zen und bleibt immer Zen, ganz gleich, ob ich es im westlichen oder östlichen Kulturkreis praktiziere, und egal, in welcher Gesellschaftsordnung es gelehrt wird. Es hat, wenn es in China gelehrt wird, einen ganz bestimmten Duktus und es besitzt auch in Japan und Korea seine eigenen Akzente. Ich betone aber noch einmal: Trotz aller kulturellen Unterschiede, die durch die jeweilige Umgebung einfließen, bleibt der Kern des Zen immer der gleiche. Zen zielt auf die Erfahrung einer transpersonalen Wirklichkeit. Wir nennen es »Erwachen«.

Wir müssen uns jedoch vor Augen halten, dass Zen lange Zeit ein »Kloster-Zen« war. Wenn ich mir die Koans anschaue, ist ganz deutlich zu erkennen, dass diese im Mönchsleben entstanden sind und im 7. bis 9. Jahrhundert in den Klöstern Chinas ihren Ausgangspunkt nahmen. Die Mönche führten natürlich ein gänzlich anderes Leben als wir heute, sie hatten keine Ehe- und Familienprobleme, keine Geldsorgen, keine Probleme am Arbeitsplatz, wahrscheinlich hatten sie auch weit weniger psychische Probleme als wir heute. Wir können also Zen in dieser Form hier im Westen nicht einfach einpflanzen, denn unsere heutige Welt unterscheidet sich sehr von der damaligen Welt. Die Menschen hier müssen sich um ihre Familien kümmern, sie haben ganz andere Aufgaben im Alltag und tragen Verantwortung in der Welt. Deshalb benötigt Zen in unserem Kulturkreis einige Ergänzungen, die die Mönche damals nicht brauchten. Wir müssen meines Erachtens Methoden aus der Psychologie und Psychotherapie integrieren, da die Menschen heute mit vielen inneren Problemen und Verletzungen zu kämpfen haben, was sie am ruhigen Sitzen hindert.

Ich selbst habe sehr viele Helfer und Helferinnen, die mir in der Begleitung der Menschen beistehen. Es ist mir ein großes Anliegen, geeignete Menschen zu schulen. Sie müssen hierfür lange den spirituellen Weg gegangen sein und tiefe Erfahrungen gemacht haben. Der Begleiter oder die Begleiterin auf dem Weg muss einen Menschen darin unterstützen können, sein Bewusstsein zu klären, denn solange ein Mensch von all den Problemen des Alltags und von seiner Persönlichkeitsstruktur belastet ist, kann er innerlich nicht ruhig werden und kann im Grunde auch nicht wirklich Zen üben.

Ist diese Erkenntnis der Grund dafür, weshalb dich dein Weg in den letzten Jahren in die Richtung einer integralen Spiritualität geführt hat, in eine »Westöstliche Weisheit«, wie du sie heute nennst?

Ich habe ganz klar erkannt, dass die Grundstruktur aller spirituellen Wege die gleiche ist. Es geht immer um eine Zurücknahme des Ichs, damit etwas auftauchen kann, was in jedem Menschen als das »Eigentliche« erkennbar wird, aber durch die Ich-Aktivität ständig verdeckt wird. Wer das versteht, versucht sein Ich mittels der Anweisungen aus dem Zen oder der Kontemplation so weit zurückzunehmen, dass es nicht mehr daran hindert, eine neue Ebene des Bewusstseins zu erfahren. Eine spirituelle Übung hierfür ist die Bewusstseinsentleerung: Man nimmt nichts an, was das Ich vorbringt. Alles, was kommt, darf sein, erhält aber keine Beachtung. Man bleibt im reinen Schauen der Leere. Reine Aufmerksamkeit, Schauen ins nackte Sein nennt es die christliche Mystik, im Zen ist dies die Übung des Shikantaza. Diese Grundstruktur findet sich mit minimalen Abwandlungen in allen spirituellen Wegen, und deshalb lehre ich vor allem die Praxis des Weges, denn sie ist für mich das Entscheidende. Es geht dabei nicht so sehr um den religiösen Hintergrund, aus dem diese Übungen kommen, sondern um das Faktum des Weges als solchem. Wie der einzelne Mensch diese Erfahrung dann einordnet, welche Weltsicht und welche religiöse Überzeugung er damit verbindet, ist seine private Angelegenheit. Das kann eine christliche oder eine buddhistische Sicht sein oder auch eine weltanschauungsfreie Sicht. Letztere bedeutet nicht, dass der Mensch dann ohne Rückhalt wäre, sondern für ihn ist die neue Erfahrungsebene der »Leerheit« der Rückhalt. Die Fülle des Nichts wird in der Leerheit sichtbar und erfahrbar – sie bildet den rational nicht begreifbaren Hintergrund unseres Lebens.

Du hast sehr viele Schülerinnen und Schüler und begleitest Menschen bereits seit einigen Jahrzehnten auf dem spirituellen Weg. Welche Veränderung kannst du bei Menschen feststellen, die sich auf einen spirituellen Übungsweg begeben?

Der Weg führt zunächst einmal in die Erkenntnis, dass unser Ich nicht die Mitte unserer Existenz ist. Unser Ich ist nur der Hausmeister, auch wenn es sich nur allzu gerne wie der Hausbesitzer gebärdet. Ich kann immer wieder feststellen, dass Menschen, die sich auf den Weg gemacht haben, eine neue Weltsicht erhalten, ihre Religion mit anderen Augen sehen und vieles neu und weniger traditionell deuten. Die Ruhe, die sich im Laufe der Zeit einstellt, wirkt sich ganz entscheidend auf ihre Persönlichkeitsstruktur aus. Wir wissen heute, dass Meditation sogar Auswirkungen auf unsere Gehirnstruktur hat. Dieser Weg verändert etwas im Menschen – das können Außenstehende oft sogar deutlicher erkennen als der Betreffende selbst. Der Mensch verändert sich. Das heißt nicht, dass er nun alle seine Macken und Fehler verliert, aber er schaut anders auf das Leben und auch anders auf seine sogenannten Schwächen. Er wird diese zunehmend ausgleichen oder mindern und sich in manchen Dingen umstellen. Es handelt sich dabei weniger um eine willentliche Änderung, sondern es geschieht –

wer einen solchen Weg geht, dem widerfährt etwas. Dies wird auch nicht immer von allen Mitmenschen positiv gesehen. Es kann durchaus sein, dass Probleme in der Partnerschaft entstehen, wenn sich einer der beiden auf einen spirituellen Weg begibt. Es kann auch sein, dass Menschen, die lange zusammengelebt haben und sich nun verschieden entwickeln, auseinandergehen. Für beide kann es durchaus besser sein, sich in Freundschaft zu trennen, statt sich gegenseitig zu behindern. Umgekehrt kann es ein großer Gewinn für eine Partnerschaft sein, wenn sich beide auf den spirituellen Weg machen.

Ich erlebe dich als einen ethisch denkenden und handelnden Menschen, der immer das Gemeinwohl im Auge behält. Führt ein spiritueller Weg in die Weltverantwortung?

Jede tiefe mystische Erfahrung führt zum Gemeinwohl. Sie führt aus dem Personalen heraus und lässt mich erkennen, wer ich wirklich bin. Ich mache mir nichts mehr vor, sondern sehe mich klar, mit all dem, was zu mir gehört, mit all meinen Schwächen und Fehlern. Eine mystische Erfahrung bringt eine ganz große Demut mit sich und zugleich die tiefe Verbundenheit und Einheit mit allem. Sie führt in eine universale Liebe, in ein existenzielles Einssein mit allen Menschen und mit allen Wesen. Damit führt sie in die Verantwortung für den Nächsten und die Welt. Sie endet auf dem Marktplatz, wie wir im Zen sagen. Hier, in unserem Alltag, muss sie sich bewähren.

Ich bin davon überzeugt, dass diese Erfahrung die einzige Chance ist, die Menschheit aus der Misere herauszuführen, in die sie hineingeraten ist. Die Moral hat uns bislang nicht weitergeholfen. Auch die Religionen mit ihren

Geboten und Verboten haben die Menschheit kaum verändert. Was wir wirklich brauchen, ist eine weitere Öffnung des Bewusstseins. Sie führt in eine nonduale Einheit, in der sich der Mensch als Gemeinschaftswesen erlebt. Bislang hält die Egostruktur ihn noch so in einer Abgetrenntheit gefangen, dass es ihm nicht möglich ist, sich seinen Mitmenschen wirklich verbunden zu fühlen. Daher kommt es immer wieder zu diesen vernichtenden Auseinandersetzungen. Wenn es uns als Spezies nicht gelingt, unsere Egostruktur zu öffnen, sodass wir wahre Einheit und Liebe erfahren, haben wir meiner Ansicht nach kaum eine Chance zu überleben. Diese Ansicht teilen übrigens sehr viele nüchterne Wissenschaftler mit mir.

Der Mensch kommt also durch eine Einheitserfahrung zu tieferer Einsicht und letztlich zur Besinnung. Was ist mit all den vielen Menschen, die diese Erfahrung nicht machen? Brauchen wir nicht notwendigerweise eine Ethik, an die wir uns alle verbindlich halten müssen?

Natürlich muss ich als Mensch ethischen Richtlinien folgen, wenn ich mit andern zusammenleben will. Ich muss Kindern deutlich machen, dass sie sich an gewisse Regeln halten müssen, weil sie sonst sich selbst und anderen wehtun. Doch solange ethisches Verhalten nur Gebot bleibt, ist es letztlich nicht wirklich effektiv, weil sich der Egoismus immer wieder stärker erweist als das Gebot »Du sollst deinen Nächsten lieben«. Das Universum ist auf Einheit, Gemeinschaft und Liebe aufgebaut. Wer nur sein Ego pflegt, verfehlt sich gegen diese Grundstruktur des Universums. Er verhält sich wie die Krebszelle und nimmt sich und den ganzen Organismus mit in den Untergang.

Die wirkliche Ethik kommt aus der Erfahrung der Einheit. Wer die existenzielle Verbundenheit mit allem erfährt, kann nichts und niemanden aus seiner Liebe ausschließen. Dieser Mensch erlebt gleichsam am eigenen Leibe, was er den anderen Positives oder Negatives antut.

In deiner Hoffnung auf eine bessere Zukunft setzt du persönlich sehr stark auf die Frauen und auf das weibliche Element im Menschen. In den traditionellen Religionen erfährt jedoch weder die Frau noch das weibliche Element eine große Wertschätzung. Wie ist deine Meinung dazu?

Ich halte es für ein Verhängnis, dass die Frauen in allen Religionen bis heute keine gleichberechtigte Stellung besitzen und dass damit die lebensfördernden Qualitäten der Frauen in Form von Gemeinschaft und Liebe nicht genügend eingebracht werden. Eines Tages werden wir mit einer ähnlichen Erschütterung auf die derzeitige Unterdrückung der Frau zurückblicken, wie wir heute auf die Hexenverbrennung des Mittelalters zurückschauen. Wir werden begreifen, dass es eine Art Verbrechen war und ein großer Schaden für unsere Gesellschaft, den Frauen und dem weiblichen Element nicht die Relevanz und die Achtung entgegenzubringen, die ihnen gebühren.

Und ich würde mir wünschen, dass die führenden Männer in der katholischen Kirche endlich erkennen, dass sie Wesentliches versäumen, wenn sie den Frauen keine Chance geben, in der pastoralen Arbeit gleichberechtigt zu wirken. Die Seelsorge wird aufgrund einer scheinheilig begründeten, von der Schrift nicht gerechtfertigten Ideologie vernachlässigt. Hier wird die Begrenztheit und Enge dieses traditionellen Systems deutlich sichtbar. Ich finde es äußerst bedauerlich, dass Machtstrukturen wichtiger sind als die Sorge für den Menschen.

Ich glaube, in der Zukunft werden sich das Männliche und das Weibliche so weit annähern, dass der Mann zwar immer noch ein Mann bleibt und die Frau eine Frau, doch es wird deutlich sichtbar werden, dass in beiden Geschlechtern beides vorhanden ist und gelebt werden möchte.

Wohin führt deines Erachtens die Spiritualität im 21. Jahrhundert? Meinst du, dass die traditionellen Religionen mit den Entwicklungen noch Schritt halten werden, oder führt der Weg in eine transkonfessionelle Religiosität?

Ich spüre einen neuen spirituellen Aufbruch unter den westlichen Menschen. Wir sind als Menschheit an einen Punkt angekommen, wo wir uns der Frage stellen müssen, welche Bedeutung unser Leben in diesem zeitlosen Universum tatsächlich hat. Wenn es stimmt, was heute viele Astrophysiker annehmen, dass es zahllose Universen gibt, von denen wir noch nicht einmal eine Ahnung haben, dann müssen wir uns eingestehen, dass unser Wissen unglaublich begrenzt ist und dass die Wirklichkeit etwas ganz anderes ist, als wir begreifen können. Solange wir noch meinen, die Wirklichkeit entspräche dem Weltbild, das unsere begrenzte Ratio uns vorgaukelt, werden wir die Bedeutung unseres Seins in dieser Welt nicht erkennen. Wir sind nur ein Wimpernschlag in diesem zeitlosen Universum. Es gab uns nicht, es wird uns einmal wieder nicht mehr geben, und niemand wird uns vermissen. Du kennst ja den Witz, den ich gerne erzähle, weil er eine sehr ernste Aussage enthält:

Venus trifft Gaia und sagt: »Mein Gott, du siehst aber schlecht aus!« »Ja«, sagt Gaia, »ich bin krank, ich habe

Homo sapiens.« »Mach dir nichts draus«, sagt darauf die Venus tröstend, »das geht vorbei!«

Was also ist unsere wirkliche Bedeutung in diesem zeitlosen Kosmos? Die Wirklichkeit ist rational nicht begreifbar. Wir müssen unserem Leben eine neue Deutung geben, denn die Weltsicht der Religionen ist längst überholt. Auch die Wissenschaften argumentieren in ihrem begrenzten rationalen System und erkennen noch nicht einmal die Begrenztheit ihres Tuns. Sie schaffen Modelle, um uns einen Sinn in diesem gewaltigen Universum zu geben. Aber es sind Modelle! Diese Modelle sind nicht die Wirklichkeit. Wir selbst kreieren das Universum, in dem wir leben.

Unsere personale Struktur hat keine Zukunft. Diese Struktur macht uns zu Menschen, doch unser Menschsein ist sehr viel mehr, als uns diese personale Struktur zu zeigen vermag. Das Personale besitzt keine Permanenz. Nur wenn uns eine weitere Öffnung unseres Bewusstseins gelingt, finden wir zur eigentlichen Bedeutung unseres Lebens. Meine Deutung des Lebens ist sehr einfach: »Ich bin nur Mensch geworden, um dieser hintergründigen Wirklichkeit für kurze Zeit diese Form Mensch zu geben.« Christlich gesagt: »Gott möchte in mir Mensch sein.« Wir alle sind ein einmaliger, einzigartiger, unverwechselbarer Ausdruck dieser rational nicht fassbaren »Wirklichkeit Gott«. Nur wer die personale und rationale Eingrenzung in einer tiefen Seinserfahrung überwindet, erfährt den Sinn seiner wahren Existenz, die ein Geborenwerden und Sterben nicht kennt.

Wie lässt sich das den Menschen in unserer Zeit vermitteln?

Wir bewegen uns innerhalb einer ganz bestimmten sozialen Zeit mit ihren eigenen kulturellen und linguistischen Zeichen. Daher ist es unsere Aufgabe, den Weg und die Erfahrung des Grenzenlosen und Zeichenlosen in zeitgemäßen Bildern zu vermitteln. Wir müssen das rational nicht Fassbare in ein westliches Gewand des 21. Jahrhunderts kleiden, damit es verständlich wird. Die Wege der christlichen Mystik und die spirituellen Wege des Ostens sind meines Erachtens dafür geeignete Formen.

Die Tradition der religiösen Bekenntnisse kann ein Gefängnis sein. Man fühlt sich innerhalb dieser zwar sicher und unbedroht, schneidet sich zugleich jedoch auch von wichtigen, neu aufbrechenden Lebensquellen ab. Vor uns liegt eine Zeit des Umbruchs, eine Zeit des Erwachens, wie die spirituellen Wege sagen. Geschlossene Gemeinschaften und Glaubenssysteme überzeugen viele Menschen nicht mehr. In der Freiheit eines Shakyamuni Buddha und eines Jesus sehe ich einen gangbaren Weg für den Menschen des 21. Jahrhunderts. Diese Freiheit kann dem Menschen letztlich wirkliche Sicherheit vermitteln, weil sie einen rational nicht fassbaren Hintergrund erfahren lässt, der unser wahres Wesen bedeutet. Ob ich dies dann »Reich Gottes« nenne oder »Wesensnatur« spielt keine Rolle mehr.

Die traditionellen Religionen werden sicherlich noch eine gewisse Zeit überleben. Doch sie werden sehr viele Gläubige verlieren, wenn sie sich weiterhin weigern, die mystische Erfahrung der Wirklichkeit zu akzeptieren und zu lehren. Ich hoffe darauf, dass sich immer mehr Menschen auf den Weg einer traditionsübergreifenden Spiritualität machen. Diese kann ihnen ihre menschliche Existenz deuten, indem sie in tiefe transpersonale Erfahrungen führt. Ich bin mir sicher, dass uns eine weitere Öffnung des Bewusstseins beschieden ist. Darauf deuten die mystischen Erfahrungen vieler Menschen hin. Diese Öffnung wird uns eine neue Weltsicht und die wahre Deutung unseres Lebens in diesem zeitlosen Universum schenken. Die Menschen in eine solche Erfahrung zu führen ist der Sinn und das Ziel meines Lebens.

Willigis, du wirst nächste Woche 83 Jahre alt. Deine Energie scheint unerschöpflich, und dein immenses Arbeitspensum erhöht sich sogar noch von Jahr zu Jahr. Was motiviert dich zu diesen Höchstleistungen? Aus welcher Quelle speist sich diese kraftvolle Energie?

Ich sage aus ganzem Herzen Ja zu diesem meinem Leben. Und ich weiß, dass es letztlich nicht mein Leben ist, das ich lebe, sondern dass es das Leben dieser hintergründigen Wirklichkeit »Gott« ist, die sich hier und jetzt in mir vollzieht. In diesem zeitlosen Geschehen, als das »Gott« sich selbst zelebriert, zählt einzig das Hier und Jetzt. Und in diesem Hier und Jetzt tanze ich mein Leben als ein Tanzschritt des Tänzers »Gott« leidenschaftlich mit.

Kontakt

Christa Spannbauer, Studium der Germanistik, Anglistik und Kulturwissenschaft in Würzburg und Dublin; freiberufliche Tätigkeit als Journalistin und Redakteurin; seit 2003 Assistentin des Benediktiners und Zen-Meisters Willigis Jäger und Öffentlichkeitsbeauftragte des Benediktushofes, eines Zentrums für spirituelle Wege; Vorstandsmitglied der Stiftung »West-Östliche Weisheit – Willigis Jäger Stiftung.

www.christa-spannbauer.de
www.spuren-der-weisheit.de